Der kleine

Thailand
Verführer

*Lebe nicht, als sei es dein letzter Tag
auf Erden. Lebe, als sei es der letzte Tag
jeder Person, die du triffst.*

Thailändische Weisheit

W0174941

BRUCKMANN

Kay Maeritz

Der kleine
Thailand
Verführer

Ein Reise-Lesebuch für
das Land des Lächelns

BRUCKMANN

Inhalt

**Bangkok – Ayutthaya – Kanchanaburi –
Khao-Yai-Nationalpark – Isan**
Eine Stadt im Rausch der Geschwindigkeit, im Taumel des Wandels:
Das gemächliche Leben ist verschwunden aus dem Olivenhain am Ufer
des trägen Menam – dafür bietet Bangkok reizvolle Kontraste mit alten
Tempeln, Palästen und modernem Leben.

Sukhothai – Chiang Mai – Chiang Rai – Mae Hong Son
Hier liegt der Ursprung Thailands: die alte Königsstadt Sukhothai und
Chiang Mai mit seinen Kulturdenkmälern, dazu zauberhafte Landschaf-
ten und dschungelbedeckte Berggebiete. Die hiesigen aus Holz errichte-
ten Tempelanlagen zeigen einen ganz eigenen, filigranen Stil – den der
Lanna-Architektur.

**Ko Samui – Ko Phangan – Ko Tao – Phetchaburi – Cha-Am –
Hua Hin – Prachuap Khiri Khan – Ko Chang – Pattaya**
Feine Sandstrände schmiegen sich an tropisch grüne Buchten: Die war-
men Wasser der Küsten Thailands lassen den Zauber des Hinterlands in
Vergessenheit geraten. Wer sich jedoch von Ko Samui, Ko Phangan oder
Ko Chang losreißen kann, findet unweit der Traumstrände unwirkliche
Atolle mit steilen Karstfelsen.

Die Grenze am Drei-Pagoden-Pass zwischen Myanmar und Thailand ist nur für den kleinen Grenzverkehr geöffnet. Burmesische Nonnen können sie auf ihrer Almosenrunde passieren, Touristen nicht.

Das Land der goldenen Pagoden erleben

Auf Entdeckungsreise

Die Länder Hinterindiens beziehungsweise des nördlichen Südostasiens liegen wie ein Puffer zwischen den asiatischen Riesen. In ihnen verbindet sich die Kultur Indiens und Chinas zu einem eigenständigen Neuen, mischen sich die Völker des indischen Subkontinents mit denen, die aus dem Norden in die fruchtbaren Täler und auf die dschungelbedeckten Höhenzüge zogen. Hier entstand ein wahres Kaleidoskop asiatischen Lebens, dessen verbindendes Element der Buddhismus und dessen Lebensader das Wasser seiner Ströme und der tropischen Meere ist.

Hinterindien – dazu gehören der undurchdringliche Dschungel; Tiger, Panther und Elefanten, die Magie von Kiplings *Dschungelbuch*. Es verspricht dramatische Erlebnisse im Dschungel, geheimnisvolle Tempel,

das Lächeln des Buddhas mit steinernem Antlitz; vergessene und verfallene Ruinen, vom Dschungel überwuchert; Siam, das Land der goldblitzenden Tempel; Asiaten mit undurchdringlich wirkenden Gesichtern. All das prägte Hinterindien noch vor 100 Jahren. Aber heute ist aus Hinterindien Südostasien geworden, und die meisten kennen zumindest jemanden, der schon einmal in den kristallklaren Gewässern an Thailands Traumstränden gebadet hat. Das Geheimnisvolle scheint fast verschwunden zu sein, Südostasien wurde – zu Unrecht – auf ein austauschbares Strandurlaubsziel reduziert. Dabei hat sich doch endlich der Bambusvorhang vor den thailändischen Nachbarländern geöffnet, und unbekannte Bergwälder und Königsstädte in Laos sowie die unglaublichen Zeugnisse des großartigen Reiches von Angkor in Kambodscha erhoben sich aus dem Nebel des Vergessens. Inzwischen sind diese Länder dabei, die Schrecken der Vergangenheit abzuschütteln, und sie kommen dabei in Riesenschritten voran.

Links: Geheimnisvolle Tempel ziehen die Besucher in ihren Bann.
Rechts: Das Wat Arun am Chao Praya ist eines der bekanntesten Wahrzeichen Bangkoks.

Einstieg für Asienanfänger

Thailand ist zur Drehscheibe des nördlichen Teils von Südostasien geworden, die rasante Entwicklung des Landes wurde zum Vorbild der durch Krieg und Sozialismus um Jahrzehnte zurückgeworfenen Nachbarn. Mit seiner ausgezeichneten Infrastruktur, leicht und problemlos zu bereisen, gleicht Thailand einem idealen Einstieg für Asienanfänger. Aber wer erst einmal den Duft des Kontinents geschnuppert hat, der wird bald süchtig nach mehr, als hätte er sich in die – längst nicht mehr existierenden – Opiumhöhlen verirrt und wäre dem betörenden Duft des Giftes erlegen. Es ist die Kultur Asiens, das fremde Leben, das Unbekannte, aber gar nicht so Unbegreifliche, das uns in den Bann schlägt und nicht mehr loslässt, und wer den Einstieg in Thailand gefunden hat, den locken die Nachbarländer als Steigerung im Unbekannten und Fremden: Eine Reise über die thailändischen Grenzen ist auch eine Zeitreise in eine vergangene Epoche, in der vielfach noch die Geschwindigkeit des Ochsenkarrens den Alltag bestimmt.

Auf Zeitreise

Das Reisen in touristisch noch nicht vollständig erschlossene – und damit auch noch nicht so überlaufene – Regionen ist immer ein ganz besonderes Erlebnis. Mitbringen sollte man viel Zeit, denn wer in die Welt von Gestern eintauchen will, für den ist das die Hauptwährung. Wer meint, es genüge, einfach etwas mehr zu bezahlen, um das Gleiche in kürzester Zeit zu erleben, der irrt. Zwar ist es möglich, in 14 Tagen die Paläste Bangkoks, das Wunder von Angkor und die alte Königsstadt Luang Prabang zu sehen. Aber wirklich zu erleben sind sie nicht in einer solch kurzen Zeit.

Wer nicht nur touristische Highlights abhaken will, der braucht wirklich in erster Linie Zeit, und zwar am besten viel davon. Oder er teilt sich die

Links: Laotisches Mädchen am Mekong.
Rechts: Chao-Leh-Dorf auf Ko Surin.

Ziele auf: zwei Wochen entspannen auf der Trauminsel und beispielsweise eine Woche eintauchen in die Tempel und Paläste Luang Prabangs.

So lässt sich mit Sicherheit mehr von Laos entdecken als mit einer touristischen Tour de force, die alle Höhepunkte zusammenpackt, die das Land mit seinen notorisch schlechten Verkehrsverbindungen bietet, und am Ende vor allem das Gefühl vermittelt, Urlaub vom Urlaub nötig zu haben: Weniger ist auch in diesem Zusammenhang wirklich mehr, und zudem kann man auf diese Weise noch viele weitere schöne Reisen für die nächsten ungemütlichen europäischen Winter planen …

Blick in die Region

Vom Ostrand des Himalaja fallen fächerartig eine Reihe von Gebirgszügen nach Süden und Südosten ab. An ihrem Saum gelegen, nach Westen gegen Indien und nach Norden gegen China abgeriegelt, liegt der Subkontinent Hinterindien, der neben Burma, Laos, Kambodscha und Thailand auch Vietnam und die Malaiische Halbinsel umfasst.

Vom Dach der Welt, dem Tibetischen Plateau, strömen fast alle wichtigen Flüsse der Region durch tiefe Schluchten herab. Auf Höhe des nördlichsten Ausläufers Burmas, in der chinesischen Provinz Yunnan, tren-

nen weniger als 200 Kilometer Luftlinie den Oberlauf der großen Ströme. Auch der Jangtsekiang verläuft hier parallel zu Mekong und Salween, bevor er durch die Tigersprungschlucht nach Osten abdreht. Westlich davon entspringt am Fuß des Himalaja der Irrawaddy, der wichtigste Strom von Burma. Nur der Menam, der aus den Bergen in Nordthailand kommt und die thailändische Zentralebene mit Wasser versorgt, bildet eine Ausnahme.

Die Lebensader der Region: der Mekong

Mächtigster Strom der Region ist der rund 4350 Kilometer lange Mekong, der dennoch fast unbemerkt seinen Weg nach Süden findet. Im Bergland von Burma und Laos bildet er die Staatsgrenze; dann ist er für ein kurzes Stück die Grenze zwischen Thailand und Laos, bevor er in das dünn besiedelte Bergland von Laos fließt. Erst ab Chiang Kong im fruchtbaren Mekongbecken, von wo der Mekong wieder für 750 Kilometer die Grenze zwischen Laos und Thailand bildet, gewinnt der Fluss an wirtschaftlicher Bedeutung, um zu guter Letzt für Kambodscha und Südvietnam die Lebensgrundlage zu sein.

Von der Mündung bis zur laotischen Grenze schiffbar, bereiten erst die Stromschnellen bei Si Phan Don, bei den Viertausend Inseln, der Mekong-Schifffahrt ein Ende. Pläne für Staustufen existieren längst – schließlich entstünde so eine Wasserstraße von der Mündung bis China, was Handel und Industrie am Mekong unerhörten Aufschwung brächte. Doch ob und wann diese Pläne in die Tat umgesetzt werden können, steht noch in den Sternen.

Obwohl wesentlich kleiner, ist der Menam Ping für Thailand weit wichtiger, denn in seiner Ebene wird ein bedeutender Teil der Reisproduktion der Welt angebaut. Thailand ist einer der wichtigsten Reisexporteure weltweit.

Grenzland zwischen Indien und China

An dem nördlichen Scheitelpunkt Burmas steht der höchste Berg Hinterindiens, der 5881 Meter hohe Hkakabo Razi, der aber geografisch nicht mehr zu Südostasien zu rechnen ist. Von ihm ausgehend, verläuft an der Westgrenze Burmas ein Höhenzug nach Süden, der erst kurz vor Pathein im Irrawaddydelta ausläuft und weiter südlich mit den Andamaneninseln wieder aus dem Ozean auftaucht. Dieser Höhenzug bildete sich dort, wo die Indische Platte mit der Asiatischen Festlandplatte kollidierte. So entstanden in der Andamanensee bizarre Felskegel und traumhafte Inseln. Das zu den regenreichsten Regionen der Erde zählende Hügel- und Bergland formt ein natürliches Ende des indischen Subkontinents und bildet mit seinen Dschungeln und Gebirgszügen seit jeher einen stabilen Puffer zwischen Indien und China. Handelskarawanen zogen deshalb einst den beschwerlichen Weg durch die Taklamakan und über den Karakorum vor. Trotzdem entstanden schon früh kulturelle Verbindungen mit Indien: Mit Ankunft der Arier aus Zentralasien setzte

Links: Vom Dschungel umgebene Bucht auf Ko Chang. – Rechts: Kalksteinfelsen überragen den Fluss in Vang Vieng in Laos. Eine Bootsfahrt hier ist ein besonderes Vergnügen.

vermutlich auch im Osten Indiens eine Wanderbewegung ein. Die Mon und Khmer, Völker tibetischer Abstammung, wichen nach Osten aus und besiedelten die Gebiete zwischen Assam und dem Mekongdelta, die zuvor wohl schon von der austronesischen Wanderbewegung von China aus in Richtung des Malaiischen Archipels erreicht worden waren.

Die Tha

Im Nordwesten Hinterindiens liegen der Himalaja und das Tibetische Plateau – eine früher kaum zu überwindende Barriere. Dennoch sind jene Bergstämme, die bis heute im nördlichen Bergland Südostasiens siedeln, vermutlich vom östlichen Tibetischen Plateau eingewandert. Im Nordosten liegt ein ausgedehntes Berggebiet, das sich von Nordthailand bis in die chinesische Provinz Sichuan erstreckt. Dies ist das ursprüngliche Siedlungsgebiet der Thai. Vom chinesischen Siedlungsdruck getrieben, wanderten sie ab dem neunten Jahrhundert in immer größerer Zahl nach Süden. Heute besiedeln die Thaivölker einen riesigen Raum, der vom Roten Fluss über Nordvietnam und die chinesischen Provinzen Yunnan und Guangxi bis nach Laos, Thailand und Burma sowie bis in den indischen Bundesstaat Assam und im Süden bis in den Norden Malaysias reicht. In Thailand und Laos stellen die Thaivölker die Mehrheit, in China und Burma jeweils die größten Minderheiten.

Die Annam-Trung-Son-Bergkette an der Grenze zu Vietnam bildet den natürlichen Abschluss der Region. Im Süden markieren das Südchinesische Meer mit dem Golf von Thailand und die Andamanensee die Grenzen. Mit 1,625 Millionen Quadratkilometer Fläche ist diese Region ziemlich genau halb so groß wie die heutige Europäische Union. Auf dieser Fläche leben rund 120 Millionen Einwohner, etwa ein Drittel der Bevölkerung der Europäischen Union. Obwohl die hier vorgestellten

Links: Einkaufsvergnügen: Ob auf einem Gemüsemarkt in Laos …
Rechts: … oder auf den Handwerkskunst-Märkten der Volksstämme in Nordthailand.

Länder nach Sprache, Kultur und Religion viele Gemeinsamkeiten aufweisen, waren sie nie in der Geschichte in einem Reich vereint.

Die Mär von Indochina

Vereint war die Region noch am ehesten in dem heute weitgehend aus dem Sprachgebrauch verschwundenen Begriff Hinterindien. Laos und Kambodscha bilden mit Vietnam zumindest eine scheinbare Einheit als Indochina, einem künstlich von Franzosen geschaffenen Begriff. Tatsächlich verläuft aber zwischen Vietnam und den beiden anderen Ländern Indochinas ein kultureller Graben; denn Vietnam ist traditionell nach China ausgerichtet, während die anderen Länder Hinterindiens ihre kulturellen Impulse vorwiegend aus Indien bezogen. Im Grunde ist die indische Kultur in der Region sogar länger zu Hause als die meisten der heute dort lebenden Völker. Denn als die Thaivölker und die Burmesen sich im neunten Jahrhundert aus Südchina auf den Weg nach Süden machten, existierten dort seit langem indisierte Mon- und Khmer-Reiche. Die Zugewanderten übernahmen die Kultur, die sie vorfanden und machten sie sich zu eigen.

Von Sammlern und Jägern zu Ackerbauern

Der Ursprung dieser prähistorischen Völker verliert sich bislang im Dunkel. Als gesichert gilt, dass bereits vor über 40 000 Jahren Jäger und Sammler in der Region lebten. Wegen fehlender Funde war man lange Zeit davon ausgegangen, hoch entwickelte Ackerbautechniken wären erst spät aus China eingeführt worden. Archäologische Ausgrabungen im Nordosten Thailands legen aber mittlerweile beinahe den umgekehrten Schluss nahe. Demnach entwickelten sich die Anfänge des thailändischen Ackerbaus schon um das Jahr 9000 vor unserer Zeitrechnung, und auf das Jahr 3500 v. Chr. datierte Funde deuten darauf hin, diese Periode als Beginn des Reisanbaus anzunehmen. Geradezu sensationell sind die Bronzefunde aus Ban Chian, deren älteste auf das Jahr 3000 v. Chr. datiert werden. Damit wären sie älter als die ersten Bronzearbeiten in Mesopotamien – und sogar über ein Jahrtausend älter als die ältesten chinesischen Bronzen.

Der König des Berges

Welche Völker diese kulturellen Höchstleistungen vollbrachten, ist ungeklärt. Vielleicht waren sie indischen Ursprungs, vielleicht kamen sie wie die späteren Einwanderer aus dem südchinesischen Raum. Für die letztere Überlegung spricht die Tatsache, dass vor rund 5000 Jahren eine Migration aus Südchina und Taiwan über das Meer in Richtung des Malaiischen Archipels einsetzte. Dagegen sprechen chinesische Quellen, die die Bewohner früher Königreiche am Mekong, die Khmer, noch lange nach dem Beginn unserer Zeitrechnung als dunkelhäutig und kraushaarig beschrieben. Das Khmer-Reich Fu Nan, dessen chinesischer Name »König des Berges« bedeutet, lag im Mekongdelta im heutigen Süden Vietnams.

Links: In Muang Sing in Nordlaos trifft man neben Mien auch auf Akha, Thai Dam, Thai Lü, Hmong und Shan. – Rechts: Bergland im Norden Thailands.

Vom zweiten bis zum sechsten Jahrhundert wurde hier lebhafter Handel betrieben, wie Münzfunde aus dem Mittelmeerraum belegen. Berichte chinesischer Händler zeugen vom damaligen Reichtum des Landes. Seinerzeit war das Mekongdelta von einem Netz von Kanälen durchzogen, die es Handelsschiffen ermöglichten, die Route abzukürzen und das gefährliche Kap Cau Mau zu vermeiden. Mit dem Ende des Reiches Fu Nan im siebten Jahrhundert versanken seine Errungenschaften im angeschwemmten Schlamm des Mekong.

Die Thai betreten die Bühne

Schon zuvor, um die Zeitenwende, existierte das buddhistische Königreich Suvannabhumi der mit den Khmer verwandten Mon im Mündungsbereich von Salween und Sittang und im Süden Thailands. König Ashoka entsandte nach indischen Chroniken Gesandte in das »Land des Goldes« und legte so den Grundstein für den Buddhismus in Südostasien. Auf dem Höhepunkt ihrer Macht, zur Zeit des indisierten Dvaravati-Reiches (6.–11. Jh.), dehnte sich der Siedlungsbereich der Mon von den Ebenen Burmas über Thailand bis in den Westen Kambodschas aus. Im Süden stieß es an das ebenfalls indisch geprägte Reich von Srivijaya (7.–13. Jh.), dessen Machtzentrum auf Sumatra lag, das sich aber auch

auf die Malaiische Halbinsel bis ins heutige Thailand erstreckte. Ab dem neunten Jahrhundert kamen die Mon und die Khmer vom Norden allmählich unter den Druck der hereindrängenden Barmar (Burmesen) und Thai. Aus Yunnan stießen erstmals die Thai nach Süden vor. Von ihrem Königreich Nan Chao aus überfielen sie Oberburma und verschleppten die dort siedelnden Pyu als Sklaven. In das so entstandene Vakuum stießen die Barmar, aus dem östlichen Himalaja kommend, vor und gründeten in Pagan, am Irrawaddy, ihre Hauptstadt. Parallel zum Vordringen der Barmar in Burma kam es ab dem neunten Jahrhundert auch im Norden Thailands und in Laos zu einem allmählichen Vordringen der Thaivölker aus dem südlichen China. Langsam besiedelten sie die weniger dicht bewohnten Gebiete entlang der Flüsse, die sich für den Anbau von Nassreis eigneten, und bildeten die sogenannten Meuang – kleinere Gemeinwesen. Im Lauf der Zeit teilten sich die Gruppen auf. Im Westen drangen sie in den Norden von Burma vor, wo sich die Shan niederließen, die auch Thai Yai (große Thai) genannt werden.

Thailands goldene Zeit

Nach einer Rebellion gegen die Khmer im Jahr 1238 entstand im Norden Thailands das berühmte Reich von Sukhothai. Dessen Periode wird

heute oft als goldene Epoche Thailands bezeichnet. Hunger und Armut sollen damals in einer Zeit der Gleichheit und Gerechtigkeit fast unbekannt gewesen sein. Als im 13. Jahrhundert der Stern des Khmer-Reiches von Angkor am Untergehen war, etablierten sich die Thai endgültig als die beherrschende Macht der Region. Der Glanz des auf Sukhothai folgenden Reiches von Ayutthaya wurde nur von gelegentlichen Vorstößen der Burmesen getrübt, die die Hauptstadt zweimal

einnahmen und schließlich endgültig zerstörten – was zur Verlegung der Hauptstadt an ihren heutigen Ort, nach Bangkok, führte. Erst mit dem Vordringen der Kolonialmächte Frankreich und Großbritannien veränderte sich die Lage vorübergehend. Die Briten brachten im 19. Jahrhundert das damalige Burma unter ihre Kontrolle. Frankreich gelang es nach der Besetzung Vietnams, auch die von Siam (wie Thailand damals hieß) kontrollierten Gebiete der heutigen Staaten Laos und Kambodscha ihrem Kolonionalreich einzugliedern. Bis zum Zweiten Weltkrieg waren damit die Gebietsansprüche in Südostasien abgesteckt. Das Schicksal von Burma, Laos und Kambodscha wurde von seinen Kolonialmächten bestimmt. Thailand, das nie von einer Kolonialmacht beherrscht wurde, orientierte sich als selbstständiger Staat in vielerlei Hinsicht an westlichen Ideen. Ein Eisenbahnnetz wurde auf- und das Telefonnetz ausgebaut, und schon in den 1920er-Jahren entwickelte sich Bangkok zu einem wichtigen Knotenpunkt des internationalen Luftverkehrs.

Monarchie im Umbruch

Mit der Regierung von Rama VII. ging 1932 die Ära der absoluten Monarchie zu Ende. Studenten brachten aus Europa demokratisch-revolutionäre Ideen mit. Zu den Feierlichkeiten zum hundertfünfzigjährigen

Links: Blick vom State Tower über Bangkok.
Rechts: Luxusunterkunft im Goldenen Dreieck im Four Seasons Tented Camp.

Bestehen der Dynastie putschten eine Reihe Offiziere unter Führung des in Paris ausgebildeten Anwalts Pridi Phanomyong. Das Programm der Revolution enthielt einiges sozialistisch-idealistisches Gedankengut, doch das Militär war keineswegs gewillt, sich der idealistischen Führung Phanomyongs unterzuordnen. Unter der Leitung von Phibun Songkram übernahmen die Militärs im Namen des Kampfes gegen linke wie rechte Extreme die Macht, und damit entstand die bis heute fortwirkende Verflechtung zwischen Militär, Politik und Wirtschaft. Pro forma wurde der in der Schweiz lebende zehnjährige Ananda Mahidol zum Kronprinzen ernannt – eine bequeme Lösung für die Militärs, die auf diese Weise keine Einmischung von Seiten des konstitutionellen Staatsoberhauptes zu fürchten hatten.

Der starke Mann des Staates, General Phibun, fand seine Vorbilder in Hitler und Mussolini und begann eine Kampagne gegen Einwanderer, die sich vor allem gegen Chinesen richtete. Schließlich ließ er Siam in Thailand umbennen, um zu betonen, dass es das Land der Thai sei. Als Frankreich im Zweiten Weltkrieg besetzt war, nutzte er die Gunst der Stunde, um Laos und den Westen Kambodschas wieder an Thailand anzuschließen. Aber seine Pläne von einem starken Thailand hatte er ohne Japan gemacht: Um England aus dem damaligen Burma und aus Malaysia vertreiben zu können, brauchten die Japaner Thailand als Aufmarschgebiet. Widerwillig musste Thailand Durchmarschrechte einräumen, die die Japaner quasi in eine Besetzung verwandelten. Im Jahr 1945 hatte Ananda Mahidol als Rama VIII. den Thron inne, doch ein Jahr später wurde er unter ungeklärten Umständen erschossen in seinem Schlafgemach aufgefunden. Bis heute herrscht im Land Stillschweigen über diese Vorgänge. Bekannt ist, dass der junge König Anhänger einer zivilen Regierung war und den Militärs feindlich gegenüberstand. Nach

Links: König Bhumipol galt als ausgleichende und stabilisierende Kraft Thailands.
Rechts: Hinter den Tempelanlagen am Chao Praya erhebt sich das moderne Bangkok.

dem Tod Ramas VIII. wurde sein Bruder Bhumipol König. Er ist noch immer das hochverehrte Staatsoberhaupt und gilt als ausgleichende Kraft – soweit es in seiner Macht steht.

Der Weg zur Demokratie

Die nächsten Jahrhunderte standen im Zeichen wechselnder Militärherrschaften. 1972 demonstrierten schließlich rund 100 000 Menschen für die Demokratie. Um Auseinandersetzungen mit dem Militärregime zu vermeiden, mischte sich der König ein und vermittelte zwischen Demonstranten und Regierung. Als es bei der Auflösung der Demonstration dann doch zu blutigen Zwischenfällen kam, ergriff der König abermals die Initiative und ernannte gegen seine Befugnisse den Rektor der Thammasat-Universität zum Premier. Dabei kam ihm zweifellos zugute, dass er den General Krit Sivara auf seiner Seite wusste.

Im darauf folgenden Jahr wurde eine neue Verfassung in Kraft gesetzt. Demokratische Wahlen wurden durchgeführt, aber die junge Demokratie endete im Chaos. Die Bildung einer funktionierenden Regierungskoalition scheiterte, überall wurde gestreikt, und kommunistische Guerillagruppen sowie paramilitärische rechte Gruppierungen lähmten das

Land. Das führte im Jahr 1976 wiederum zu einem Putsch, bei dem sich das Militär gegenüber den Oppositionellen gnadenlos zeigte. Doch der Kampf gegen die Guerilla war nicht so leicht zu gewinnen. Thailands Weg blieb völlig offen, als General Prem Tinsulanonda im Jahr 1980 das Ruder übernahm. Mit viel Geschick vermittelte er zwischen den Fronten, erließ Amnestien und brachte so die in den Untergrund gegangenen Studenten wieder an die Hochschulen zurück. Nach und nach führte er die bürgerlichen Grundrechte wieder ein und brachte die Wirtschaft zum Laufen.

Nach einem weiteren Putschversuch im Jahr 1981 blieb es zehn Jahre lang verhältnismäßig ruhig, bis im Februar 1991 wiederum ein Staatsstreich gegen eine zwar mittlerweile demokratisch legitimierte, aber extrem korrupte Regierung erfolgte. Daraufhin setzten die Militärs einen zivilen und geachteten Interimspremier ein, Anand Panyarachun. Aber schon ein Jahr später versuchte General Suchinda, sich selbst zum Premier zu machen – was mit wütenden Reaktionen und Massenprotesten quittiert wurde. In Bangkok kam es zu bürgerkriegsähnlichen Zuständen, bis erneut der König eingriff und die verantwortlichen Führer der beiden Seiten zu sich beorderte. Zu seinen Füßen sitzend, mussten beide eine sogar im Fernsehen übertragene scharfe Rüge über sich ergehen lassen …

Anand wurde für drei Monate Übergangspremier, bevor Neuwahlen abgehalten werden konnten und die Macht wieder in zivile Hände gelangte. Korruption und Vetternwirtschaft, Postenschiebereien und Stimmenkauf bei Wahlen waren damit aber leider noch nicht ausgeräumt.

Die Asienkrise und die Krise der Demokratie

Im Jahr 1997 brachte die Asienkrise Thailand bis an den Rand eines Abgrunds, aber dank des energisch durchgeführten Reformprogramms befand sich das Land überraschend schnell auf dem Weg der Besserung.

Links: Köstlichkeiten der Thaiküche.
Rechts: Der Phra Nang bei Krabi ist wohl Thailands schönster Strand.

Bis 2006 dauerte die bislang längste ungestörte demokratische Phase Thailands. Im Herbst 2006 übernahmen wieder einmal die Militärs die Herrschaft, um Schlimmeres abzuwenden … Ursache war die umstrittene Politik des Premierministers Thaksin Shinawatra. Thaksin war der erste demokratisch gewählte Ministerpräsident, der die volle Amtszeit ausübte. 2005 wurde er sogar mit überwältigender Mehrheit wiedergewählt. Doch seine Politik zu Gunsten der armen Bevölkerungsmehrheit des Landes machte ihn bei den alten Eliten unbeliebt.

Sein Kampf gegen die Korruption aber, den er im Jahr 2001 ausgerufen hatte, bezog sich nicht auf die eigene Familie. Undurchsichtige Geschäfte seines Medienimperiums ließen ihn angreifbar werden. Insbesondere der steuerfreie Verkauf von knapp 50 Prozent seines Kommunikationskonzerns an eine Holding aus Singapur brachte so viel Unruhe in die Sache, dass er sich gezwungen sah, im Jahr 2006 Neuwahlen auszurufen. Diese wurden jedoch aufgrund von Unregelmäßigkeiten vom Verfassungsgericht für ungültig erklärt.

Schließlich waren es am 19. September 2006 wieder einmal die Generäle, die putschten. Seit 2008 befindet sich Thaksin nun im Exil, um nicht seine Haftstrafe wegen Amtsmissbrauchs antreten zu müssen. Seit

2011 regierte seine Schwester Yingluck Shinawatra – und das, obwohl sie sich im Wahlkampf ausdrücklich auf ihren Bruder berief. Doch 2014 putschten die Generäle nach langen Unruhen erneut. 2016 starb König Bhumibol, der am längsten regierende Monarch der Welt, der lange der ausgleichende Pol in der thailändischen Politik war. Sein Sohn Vajiralongkorn folgte ihm auf den Thron.

Der Buddhismus, die Klammer der Region

Ohne den Buddhismus, an den die überwiegende Mehrheit der Menschen in Thailand und seinen Anrainerstaaten glaubt, ist die Identität dieser Länder kaum vorstellbar. Seine Tempel und die gelben Roben der Mönche prägen das Bild der Städte und Dörfer. Die südostasiatische Form des Buddhismus heißt Theravada. Diese ursprünglichste und älteste Glaubensrichtung des Buddhismus soll von Sri Lanka aus, wo sie ebenfalls die noch immer dominierende Religion ist, nach Südostasien überliefert worden sein. Allerdings gibt es regionale Abweichungen. So spielen etwa die 37 Nats – Geister, die noch aus der vorbuddhistischen Zeit stammen – im Volks-

glauben von Burma eine große Rolle, und neben den animistischen Naturreligionen haben auch hinduistisch-brahmanistische Vorstellungen auf verschiedenen Wegen Einzug in die südostasiatische Gedankenwelt gehalten.

Der indische Einfluss

Schon vor dem Buddhismus hatten indische Händler den Hinduismus in der Region heimisch gemacht, und auch später gab es fortdauernd Kontakte zum indischen Subkontinent. Dieser Austausch ließ erst mit der Eroberung Indiens durch die moslemischen Heere im 12. Jahrhundert nach, womit der Einfluss Indiens in ganz Südostasien an Bedeutung verlor. In vollem Umfang gelten die 227 buddhistischen Glaubensregeln nur für diejenigen, die als Mönch den Stand eines Arahant – eines Heiligen – erreichen wollen, der das Nirwana durch die Unterweisung in die Lehre, durch strenge Selbstdisziplin und Erkenntnis der Wahrheit der Lehre erreicht hat. Den Laien genügt es, besondere Verdienste zu erwerben, um in der nächsten Existenz eine glückliche(re) Wiedergeburt zu erlangen. Dazu gehört etwa die Mithilfe beim Bau einer Pagode beziehungsweise eines Stupas, wie jene Kultdenkmäler heißen, die ursprünglich auf altindische Begräbnishügel zurückgehen, in denen später buddhistische Reliquien aufbewahrt wurden. Wer selbst eine Pagode errichten läßt, so heißt es, der wird dem zukünftigen Buddha begegnen, in dessen Gegenwart die Erleuchtung garantiert ist.

Aber auch durch die Gabe von Speisen an Mönche werden Verdienste erworben, durch Wallfahrten und durch das Meditieren. Wer sich dazu noch an die fünf Grundsätze der buddhistischen Moral hält – nicht töten, nicht stehlen, nicht lügen, keinen Ehebruch begehen und keine berauschenden Getränke einnehmen –, dem ist für das nächste Leben ein günstiges Schicksal so sicher wie im hiesigen Leben die Anerkennung seiner Mitmenschen. Während Neid und Zorn sich negativ auf das

Links: Die Tempelarchitektur in Luang Prabang ähnelt der im nördlichen Thailand sehr stark. – Rechts: Affe im Khao-Yai-Nationalpark.

Karma, die Summe der guten und bösen Taten, auswirken, tun Mitleid, Ausgleich und Weisheit dies positiv.

Der historische Buddha und seine Lehre

Der Buddhismus entstand noch zu Lebzeiten des historischen Buddha Siddhartha Gautama. Er lebte in Nordindien, wo er am Fuß des Himalaja in Lumbini, im heutigen Nepal, als Königssohn geboren wurde. Das genaue Geburtsjahr ist noch umstritten – die Berechnungen schwanken zwischen den Jahren 568 und 554. Ziemlich sicher falsch ist jedenfalls die buddhistische Zählung, die das Jahr 624 v. Chr. als Geburtstermin annimmt. Der junge Prinz wuchs wohlbehütet auf, nichts deutete auf sein späteres Schicksal hin – abgesehen vielleicht von der seinem Vater gegenüber ausgesprochenen Warnung, er dürfe seinen Sohn nicht mit dem Elend der Welt in Berührung kommen lassen, wenn er wolle, dass dieser seine Nachfolge antrete. Doch da waren die 32 Merkmale eines besonderen Menschen – wie lange Finger, zarte Haut, löwenähnliche Kiefer –, die einem Weisen sofort nach der Geburt auffielen. Aber wo hier die Fama beginnt und die Überlieferung historischen Tatsachen folgt, kann nur vermutet werden. Überliefert ist jedenfalls, dass seine Mutter mit 40 Jahren, schon wenige Tage nach der Geburt, starb. Siddhartha wurde von ihrer jüngeren Schwester, der zweiten Frau seines Vaters, aufgezogen, die fast zeitgleich ebenfalls einen Sohn geboren hatte. Von seiner Jugend weiß man, dass er ohne Sorgen in der Luxuswelt des Palastes aufwuchs. Schon mit 16 Jahren heiratete er seine Cousine Yasodhara. »Verwöhnt lebte ich, ihr Mönche, äußerst verwöhnt«, wird Siddhartha in den buddhistischen Niederschriften zitiert. Schon in der Jugend habe er über die Vergänglichkeit des Seins meditiert.

13 Jahre lang lebte er dieses Leben, bis ihm der erste Sohn, Rahula, geboren wurde: Der Legende nach verließ er in der Nacht der Geburt das

Links: Mönch im Wat Rakhang in Thonburi.
Rechts: Kunstvoll geschnitzte Figuren auf dem Chatuchak-Markt in Bangkok.

Haus, ohne seinen Sohn gesehen zu haben. Danach verließ er auch die Stadt, um sein Haar zu scheren und das Gewand eines Wandermönchs anzuziehen. »Eng ist das Leben in der Häuslichkeit, dieser Stätte der Unreinheit, die Samanaschaft ist der freie Himmelsraum. Nicht leicht ist es für den Haushaber, den vollendeten, völlig reinen, vollkommenen Wandel der Heiligkeit zu führen.«

Siddhartas Suche nach der Wahrheit

So zog er also hinaus, um die Wahrheit zu finden. Nach sechs wechselvollen Jahren beschloss er, einen Mittelweg zwischen extremer Askese und völliger Hingabe an die weltlichen Freuden einzuschlagen: Bei Bodh Gaya, unter dem Bodhi-Baum meditierend, wurde ihm diese Erkenntnis zuteil. Während des Fortschreitens der Nacht erkannte er die ewigen Vier Edlen Wahrheiten: die Vergänglichkeit alles Seienden (Wahrheit vom Leiden); das Begehren als Ursprung der Vergänglichkeit (Wahrheit von der Leidensentstehung); die Überwindung der Vergänglichkeit im Auslöschen der Begierden (Wahrheit von der Aufhebung des Leidens) und als vierte Edle Wahrheit den Achtfachen Pfad (Wahrheit von dem zu einer Leidensaufhebung führenden Weg), der zur Aufhebung der Be-

dingtheit des menschlichen Leids führt. Bei Einhaltung des Weges und Erkenntnis seiner Richtigkeit führt er zum Nirwana, in dem man dem Kreislauf des Leidens entronnen ist.

Die Drei Juwelen

Nach Buddhas Lehre gibt es im Grunde keine Wiedergeburt, in der eine bestimmte Person oder ihre Seele reinkarniert werden, ebenso wenig kennt der Buddhismus Götter. Volksglaube und scholastische Auslegung differieren aber in allen Religionen. So wird auch Buddha heute vielerorts wie ein Gott verehrt. Das einzige buddhistische Glaubensbekenntnis sind die Triwana, die Drei Juwelen: »Ich nehme meine Zuflucht zum Erleuchteten (Buddha), ich nehme meine Zuflucht zu der Lehre (Dhamma, im Sanskrit: Dharma), ich nehme meine Zuflucht zu der Gemeinschaft der Nonnen und Mönche (Sangha)!« Jeder gläubige männliche Theravada-Buddhist sollte mindestens einmal im Leben »die Kutte genommen« – sich für einen Zeitraum von zehn Tagen bis drei Monaten als Novize einem Mönchsorden angeschlossen – haben. Zwar gibt es auch Nonnen, aber ihr Ansehen ist geringer. Ein solches Noviziat dauert in der Regel nur kurze Zeit, kann aber mehrmals wiederholt werden. Während in Thailand diese

Tradition im Nachlassen begriffen ist, ist es in Burma fast undenkbar, dass ein junger Mann niemals »die Kutte nimmt«.

Den Status des ordinierten Mönches kann man erst mit 20 Jahren erreichen. Bei der Ordination werden alle Körperhaare abrasiert und der Mönch muss sich fortan allen 227 Regeln unterwerfen. Zu seinen Pflichten gehört der morgendliche Rundgang mit der Bettelschale. Mit dem Morgengrauen machen sich überall in den Ländern Kolonnen von Mönchen auf den Weg durch Städte und Dörfer, wo zumeist Frauen, aber auch Männer, kniend auf die Mönche warten, um ihnen zu spenden. Die Spende ist eine Möglichkeit sich Verdienst zu erwerben, sie gilt nicht dem Mönch, sondern dem Sangha. Der Mönch darf sich daher nicht für die Gabe bedanken, da sie keine persönliche Gabe für ihn ist – als solche würde sie kein Verdienst für den Geber sein.

Reisen in Südostasien

Südostasien zählt nicht nur zu den schönsten, sondern auch zu den günstigsten Urlaubszielen der Erde. Die Bandbreite der Reisemöglichkeiten in den hier beschriebenen Ländern ist riesig: vom bestens erschlossenen Phuket, Ziel ungezählter Charterjets in der Hauptsaison, über kaum bekannte Inseln in der Andamanensee und im Golf von Thailand; vom Trubel in der Metropole Bangkok bis zu den Ruinenstädten untergegangener Königreiche und zum Abenteuer einer Wanderung in entlegene Berggebiete, in Dörfer, in die noch kaum ein Tourist seinen Fuß gesetzt hat – diese Liste ließe sich noch erweitern und bietet für jeden Geschmack etwas. Apropos Geschmack: Reisen in Südostasien ist auch eine kulinarische Erfahrung. Die Verschmelzung chinesischer, birmanischer, malaiischer und laotischer Einflüsse hat in Thailand eine der besten Küchen der Welt entstehen lassen, in der fangfrischer Fisch und

Links: Buddhistische Mönche und Novizen bei der morgendlichen Almosenrunde in Damnoen Saduak. – Rechts: Der Phnom Rung, ein bedeutendes Khmer-Bauwerk.

Meeresfrüchte, Geflügel, Fleisch und Gemüse mit exotischen Beigaben und Obst zu überraschenden Geschmacksvarianten verschmolzen werden. Süß oder scharf, salzig oder sauer – immer ist das Essen äußerst geschmackvoll zubereitet. Die Küchen von Laos und Kambodscha sind eng mit der Thaiküche verwandt.

Zwischen Luxus und Bambushütte

Das Preis-Leistungs-Verhältnis in Thailand ist nach wie vor ausgezeichnet. Das touristisch noch in den Kinderschuhen steckende Laos gehört zu den billigeren Reiseländern, hat in den letzten Jahren aber enorm aufgeholt was die touristische Infrastruktur betrifft – leider auch bei den Preisen. Das Gleiche gilt für Kambodscha. Auch hier hat sich in den letzten zehn Jahren unglaublich viel getan.

Wem der Sinn nach Luxus steht, der kann sich in den Hotels von Thailand verwöhnen lassen: Ein Bungalow mit Blick über Reisfelder und Bäder und Massagen im hauseigenen Spa? Kein Problem im Fünf-Sterne-Hotel Regent in Chiang Mai. Schade nur, dass bei so viel Luxus der Wille zur Erkundung der Umgebung weitgehend erlischt. Dafür wächst die Freude an einem regnerischen Tag, der es erlaubt, auf Ausflüge zu verzichten und das hoteleigene Angebot ungestört zu genießen.

Die Qual der Wahl

Neben den absoluten Luxusherbergen, die man vor allem in Thailand vielerorts findet, variieren die Unterkunftsmöglichkeiten in Südostasien zwischen einfachen Hotels in den Städten in Laos, Bambushütten oder Pauschalhotels an den thailändischen Küsten, einfachsten Herbergen im Hinterland von Laos und vielen weiteren Angeboten.

Ob Phuket, Krabi oder das lange Zeit als Ziel für Rucksackreisende geltende Ko Samui – überall gibt es Unterkünfte, die es an nichts fehlen

Links: Traumhafte Aussicht aus dem Pool des Pimalai auf Ko Lanta.
Rechts: Bunter Alltag in Thonburi.

lassen: Ein Bungalow im weitläufigen Park, von der Badewanne auf der Terrasse geht der Blick über das Meer – wie wär's mit der abseits allen Trubels gelegenen Tongsai Bay auf Ko Samui? Oder: Ein nettes Hotel soll es sein, aber der Geldbeutel ist doch nicht so prall gefüllt – auch kein Problem, die Auswahl auf Ko Samui ist riesig: Das Spa Resort etwa, am nördlichen Ende des Lamai Beach gelegen, bietet eine hübsche Anlage mit liebevoll gepflegten kleinen Hütten in einem tropischen Garten und ein kleines Restaurant direkt am Strand. Schön, aber wo ist hier die nächste Disco? Für Nachtschwärmer bietet sich dann doch eher das Zentrum von Chaweng an. Ruhe und Erholung sind hier nicht zu finden, dafür dröhnt die Musik bis zum Morgengrauen. Und wenn man dann mittags zum Frühstück durch die grässlich helle Sonne wankt, ist es auch zum kilometerlangen, traumhaft schönen Strand nicht weit. Hauptsache billig: Noch gibt es sie vereinzelt, die ganz einfachen Bambushütten am Strand für wenig Geld. Aber es muss ja auch nicht Ko Samui sein. Die Nachbarinsel Ko Phangan hinkt in der Entwicklung noch um einige Jahre hinterher. Und außerdem gibt es in Thailand noch erstaunlich viele wenig erschlossene Trauminseln, auf denen der Reisende vor allem Palmen, Ruhe und einfache Hütten findet. Lediglich Phuket

bietet kaum noch günstige Unterkünfte, da es mit dem internationalen Flughafen fest im Reiseprogramm der großen Veranstalter verankert ist.

In Kambodscha, wo sich erst seit kurzem die Möglichkeit zu sicherem Reisen im Land eröffnet hat, steckt der Tourismus in weiten Teilen des Landes noch in den Kinderschuhen. Luxusunterkünfte findet der Reisende außer in Phnom Penh in Seam Reap. Dort steht das legendäre Grand Hotel d'Angkor. Aber am Ausgangspunkt zu Angkor wachsen die Hotels deutlich schneller als Pilze aus dem Boden. Für wenig Geld lässt es sich hier mittlerweile sehr komfortabel wohnen. Hotels mit gehobenem Standard findet man außerdem noch im Seebad Sihanoukville. Ähnlich ist die Lage in Laos, wo es fast nur in Vientiane und Luang Prabang Unterkünfte für gehobene Ansprüche gibt. Dafür tendiert der Preis für einfache Unterkünfte auf dem Land gegen Null.

On the road

Wer weniger reist, um anzukommen, als um unterwegs zu sein, dem bietet Thailand ein ausgezeichnet ausgebautes Straßennetz und einen Verkehr, der in geregelter, nur manchmal für unser Verständnis etwas unkonventioneller Form abläuft. Gerade in der reizvollen Landschaft Nordthailands ist die Entdeckungsreise mit dem eigenen Fahrzeug eine der Möglichkei-

ten, das Land zu erkunden. An den Links-
verkehr gewöhnt man sich bald.

Anders sieht das Ganze allerdings im
schwer zu durchblickenden Moloch
Bangkok und auf den kleinen Sträßchen
von Ko Samui aus. Die großen Autovermieter sind ebenso in Thailand vertreten
wie auch lokale Autovermieter, deren Ver-
sicherungsbedingungen man allerdings ebenso wie den Zustand der Fahrzeuge genau prüfen sollte. Beliebt sind auch Motorradausflüge von Chiang Mai aus oder auf Ko Samui. Ein Sturz in leichter Kleidung kann
jedoch böse Folgen haben.

Angesichts der ausgezeichneten öffentlichen Verkehrsmittel Thailands
besteht dort im Grunde kaum eine Notwendigkeit, selbst zu fahren. Wer
aus einem der Anrainerstaaten nach Thailand kommt, wird das Bus-
oder Zugreisen in Thailand zum Kapitel Erholung rechnen. Womit bereits angedeutet ist, dass die Verkehrssituation in den anderen Ländern
weniger rosig als in Thailand ist: Nach jahrzehntelangen kriegerischen
Auseinandersetzungen waren die Straßen Kambodschas kaum mehr als
solche zu bezeichnen. Doch mit Unterstützung in Form von Entwick-
lungshilfe aus der ganzen Welt sind mittlerweile wenigstens die Haupt-
straßen wieder problemlos befahrbar.

Auf abenteuerlichen Wegen

Auch in Laos sieht die Lage mittlerweile besser aus. Reisen in klapprigen
Bussen und auf staubigen Ladeflächen von Pick-ups und LKWs gehören
auch hier noch zum Reiseerlebnis, wenn man jenseits der Hauptstraße
zwischen Luang Prabang, Vientiane und Paxe unterwegs ist.

Wer sieht, mit welcher Geduld die Menschen in Laos qualvolle Busfahr-
ten ertragen, der wird dies nur vor dem Hintergrund verstehen können,
dass diese Menschen noch vor gar nicht so langer Zeit selbst weite Strecken stets zu Fuß zurücklegen mussten.

Links: Blick vom Si-Phra-Nang-Felsen auf Rai Leh bei Krabi.
Rechts: Viel Zeit müssen Reisende in Laos mitbringen, doch es lohnt sich!

Bangkok und Umgebung

Eine Stadt im Rausch der Geschwindigkeit, im Taumel des Wandels, im Chaos, an den Grenzen des Wachstums: Das gemächliche Leben ist verschwunden aus »Bang Makok«, dem Olivenhain am Ufer des trägen Menam – dafür bietet Bangkok reizvolle Kontraste von alten Tempeln, Palästen und modernem Leben.

Links: Exquisit: die Atmosphäre in der Buddhaisawan-Kapelle im Nationalmuseum. Die Wandmalereien aus dem 18. Jahrhundert zeigen Szenen aus dem Leben Buddhas. – Rechts: Der männliche Kingfisher leuchtet in bunten Farben. – Unten: Eine Hängebrücke führt in den Dschungel.

Bangkok

Bangkok und Umgebung

Die Mega-Metropole
Bangkok – Ayutthaya – Kanchanaburi –
Khao-Yai-Nationalpark – Isan

Wahnsinn Bangkok: Acht Spuren breit ist die Straße, und eine Etage darüber, auf Betonstelzen ins Stadtbild gerammt, verläuft noch einmal eine sechsspurige Straße. Trotzdem steht der Verkehr häufig, bewegt sich nur qualvoll langsam vorwärts, tägliche Tortur in der Rushhour, ob es nun regnet oder die Sonne scheint. Ganz vorbei ist es, wenn ein Wolkenbruch die Straßen in Kanäle verwandelt. Seit Ende des Jahres 1999 fährt die Hochbahn, die den Verkehr etwas entlasten soll. Für relativ viel Geld ermöglicht sie zumindest den Betuchten, dem Stillstand auf einigen Strecken zu entrinnen und die Stadt aus anderer Perspektive wahrzunehmen. Aber wo nun die massive Betonkonstruktion der Hochbahn die Sonne aussperrt, sieht es dementsprechend finster aus.

Rund 15 Millionen Menschen leben in dieser Stadt, fast jeder fünfte Bewohner Thailands. Im neuen, modernen Zentrum drängen sich Hochhäuser, teure Hotelbauten, prächtige Einkaufszentren – megaklotzig und megamodern. Wer, um Gottes willen, soll in all diesen Shoppingcentern einkaufen? Die Asienkrise hatte Thailand und vor allem Bangkok heftig getroffen, dem Konsumrausch folgte die Ernüchterung. Aber unerwartet schnell fing sich die Wirtschaft wieder, und seitdem wird wieder gebaut, wächst die City so sehr in die Höhe, dass jede deutsche Stadt dagegen wie ein Dorf wirkt.

Die Stadt der Engel

Die Hauptstadt Thailands wurde im Jahr 1782 nach der Zerstörung Ayutthayas durch die Birmanen gegründet, in einem Dorf namens Bang Makok – im Olivenhain. Der wirkliche Name Bangkoks ist unendlich lang und kompliziert und lautet in der Übersetzung etwa »Große Stadt

Links: Supermodern: der internationale Flughafen. – Rechts: Cooler Platz im heißen Bangkok: Die Aussicht aus dem Restaurant Scirocco im State Tower ist atemberaubend.

der Engel, Ruheort der göttlichen Juwelen, großes unbezwingbares Land, großes und hervorragendes Reich, die königliche und herrliche Hauptstadt …«. Der Einfachheit halber benutzen aber selbst die Thai im täglichen Sprachgebrauch nur die ersten beiden Silben dieses Namens: Krung Theb, Stadt der Engel. Wäre da nicht die große Distanz zwischen den Zielen – ein Besuch der Stadt wäre überaus reizvoll. Tempel, Paläste und Shopping, zwischendurch mit dem Boot über die Klongs von Thonburi und abends vielleicht noch ein Bummel über den anrüchigen Nachtmarkt in der Patpong – alles ganz nett, aber wie soll man das miteinander verbinden, wenn die Reise von einem Stadtteil in den anderen leicht eine Stunde dauern kann? Sollte man sich vielleicht jeweils in der Nähe seiner Besuchsziele einquartieren – zwei Tage beim Königspalast etwa, danach dann zwei Tage beim World Trade Center? Wer auf das Shopping verzichten kann, tut sich leichter. Die Paläste, Tempel und das quirlige Chinesenviertel ebenso wie Thonburi liegen so dicht beieinander, dass man fast alles zu Fuß erreichen kann.

Chaos in der Khao San

Die Khao San Road ist ein Programmpunkt für sich – mit ihrem quirligen Leben auf den Bürgersteigen. Aus tausend Lautsprechern dröhnt Musik – kein Restaurant scheint ohne diese Berieselung auszukommen. Die Qualität der gebotenen Speisen ist höchst unterschiedlich und kann nicht immer mit den in die Höhe schießenden Preisen mithalten. Aber es wird geboten, was der Gaumen vieler Reisender begehrt: Hamburger mit Pommes, Schnitzel und Steak, Bier und dazu laute Musik. Ein Ort für Ruheliebhaber ist es nicht. Und wer hier ein Hotel beziehen will, tut gut daran, vorher zu überprüfen, welche Bars sich in der Nähe befinden: Womöglich liegen direkt vor dem Fenster des Zimmers drei Etablissements nebeneinander, die alle drei abends ihren Gästen unterschiedliche Musik um die Ohren blasen, solange die Lautsprecher halten …

In den billigsten Unterkünften ist nächtliche Ruhe sowieso nicht zu erwarten: Die Sperrholzwände, die den Betten gerade so viel Raum lassen, dass es möglich ist, aufzustehen und zwei Rucksäcke auf den Boden zu stellen, dienen bestenfalls als Sichtschutz. Da in der Regel ein Fenster fehlt, sind die Wände nicht einmal bis zur Decke hochgezogen. Und dort, wo sie enden, trennt nur ein Fliegengitter die Zimmer voneinander. In den Wintermonaten schiebt sich ein schier endloser Strom von Rucksackreisenden durch die Straße, die auf der Suche nach einem Schnäppchen sind. Hier findet sich alles: Eine neue Jeans mit Designerlabel für zehn Euro? Kein Problem. Billige T-Shirts für die nächsten Jahre? Nirgendwo in Thailand sind sie günstiger zu haben als hier.

Fußgänger in Bangkok?

Abends ist die Khao San Road für den Durchgangsverkehr gesperrt. Vor den Bars drängen sich Motorräder, auf der Straße flanieren hippe Thai zwischen den Travellern, und vielleicht kommt auch gerade die Polizei-

Links: Die Khao San Road ist zum beliebtesten Treffpunkt in Bangkok geworden.
Rechts: Eine Marktfrau bietet Fischpärchen im Körbchen an.

kapelle mit lautem Getöse die Straße herauf. Allerdings liegt das Viertel um die Khao San Road auf der falschen Seite der breiten Rachadamnoen-Straße. Was das heißt? Das Rätsel klärt sich schnell, wenn man versucht, in Bangkok eine der viel befahrenen Straßen zu Fuß zu überqueren. Fußgänger kommen in der ohnehin nur rudimentären Stadtplanung anscheinend nicht vor; sie sind nicht nur nicht erwünscht, sie existieren einfach nicht. Die heutigen Verkehrsverhältnisse legen den Schluss nahe, dass man in der Regel auf der Straßenseite sterben wird, auf der man auch geboren wurde – es sei denn, man wagt den wahnwitzigen Versuch, die Straße zu Fuß zu überqueren … Also verzichten die Thai darauf, irgendetwas zu Fuß zu erreichen, und nehmen den Bus, ein Taxi oder eine Motorrikscha. Zum Laufen ist es in der Regel sowieso zu heiß: Bangkok gilt als die heißeste Hauptstadt der Welt. Selbst zu Weihnachten, wenn die Temperaturen so tief sinken, dass den Einheimischen ein leichtes Frösteln überkommt, wird dem europäischen Gast immer noch der Schweiß in die Augen laufen, wenn ihm die Sonne auf den Schädel brennt.

Thailands Nationalheiligtum

Erstes Ziel und Pflichtbesuch in Bangkok ist der Königspalast mit dem Wat Phra Keo, dem Nationalheiligtum Thailands. Kurze Hosen und Röcke gelten als unpassend: No way, so kommen Sie hier nicht herein. Eigentlich gebietet es die Etikette in allen Tempeln Thailands, dezent gekleidet zu sein. Aber während anderweitig oft ein Auge zugedrückt wird, wenn Touristen gegen die Kleiderordnung verstoßen, werden Sie hier höflich, aber bestimmt aus der Schlange gewinkt. Dann verordnet man Ihnen einen Sarong und Überschuhe, so Sie auch noch offene Sandalen tragen. Dafür stehen Sie dann inmitten eines unglaublich bunten, glitzernden und doch harmonisch gestalteten Tempels wie aus Tausendundeiner Nacht.

Links: Schwer beladener Tuk-Tuk-Fahrer auf dem Rückweg vom Markt.
Rechts: Das Wat Phra Keo am Königspalast.

Als der Regierungssitz im Jahr 1782 nach Bangkok verlegt wurde, war das 400 Jahre überdauernde Reich von Ayutthaya untergegangen und mit ihm die alte Dynastie. Die Zerstörung der Hauptstadt wirkte noch als Trauma nach, eine neue, prächtige Hauptstadt musste her – mindestens so prächtig wie die Vorgänger in Sukhothai und Ayutthaya: Unter dieser Prämisse wurde mit dem Bau der Tempelanlage begonnen, die den Smaragdbuddha beherbergen sollte. Ganz aus grüner Jade geschnitzt, thront der kleine Buddha nun im zentralen Bot – zu dem Touristen leider keinen Zugang haben. Die smaragdene Figur ist das Nationalheiligtum Thailands, dem magische Kräfte nachgesagt werden, die zum Schutz des Landes und des Königs eingesetzt werden. Je nach Jahreszeit wird der Smaragdbuddha in drei verschiedene Gewänder gekleidet – und zwar vom König persönlich! In der Regenzeit trägt die kleine Figur eine blaue, mit Goldfäden durchwirkte Robe und die Haartracht der Mönche, im Sommer eine Krone und einen mit Diamanten besetzten Umhang und im Winter einen rein goldenen Umhang.

Im Wat Pho

»Alle Erscheinungen sind vergänglich«: Mit diesen Worten verabschiedete sich der Buddha, bevor er sich in seine letzte Meditation versenkte und ins Nirwana hinüberglitt. Das endgültige Erlöschen zeigt eindrucksvoll die 45 Meter lange liegende Riesenskulptur im Wat Pho. Zwischen den Säulen der Halle lächelt das Antlitz des Buddhas aus 15 Meter Höhe gütig und unfassbar herab. Dies ist mit Sicherheit einer der eindrucksvollsten Anblicke, die Bangkok bietet, und eine der erhabensten Buddha-Darstellungen überhaupt. Auf den Füßen des Buddhas sind die 108 verheißungsvollen Zeichen eines Buddhas in Perlmutteinlegearbeit dargestellt.

Das Wat Pho ist der älteste und größte Tempel Bangkoks. Seine Ursprünge reichen ins 16. Jahrhundert zurück, aber seine heutige Gestalt geht auf das Jahr 1781 zurück, als es gänzlich neu aufgebaut wurde. Neben dem größten liegenden Buddha enthält es auch die größte Ansammlung von Buddha-Bildnissen in Thailand. Das Wat diente als erste Universität Bangkoks und ist heute noch die nationale Ausbildungsstätte

für thailändische Naturmedizin, Astrologie und Massage. Wer will, kann sich hier massieren lassen oder gar einen mehrtägigen Massagekurs absolvieren.

Downtown – mitten im Moloch

Bangkok wuchs schnell über seine Grenzen hinaus, die der Stadt einst von der künstlich mittels Kanälen geschaffenen Insel Rattanakosin gesetzt worden waren. Zu Beginn des letzten Jahrhunderts siedelte die Königsfamilie nach Dusit über. Südlich der Insel ließen sich Chinesen nieder, nachdem sie Rattanakosin verlassen mussten. Dort brodelt auch heute noch das Leben, wird alles Erdenkliche angeboten – und noch vieles mehr, an das man vielleicht gar nicht denken möchte. In Chinatown standen die ersten Bordelle der Stadt, wurde Opium in den Opiumhöhlen geraucht – von letzteren erfasste eine Volkszählung im Jahr 1882 genau 245, dazu 69 Spielhöllen und 26 Bordelle. Heute sind vor allem die Märkte beliebte Ziele, um asiatisches Leben zu erschnuppern, etwa auf dem stark »duftenden« Fischmarkt. Der »Diebesmarkt« hat sich auf Antiquitäten spezialisiert, womit sich der Arbeitsschwerpunkt von der Hehlerei zur Fälschung verlagert hat. Opiumkonsum ist zwar verboten, dafür gehen heute Heroin und neue Drogen von Hand zu Hand. Illegales Glücksspiel wird über einigen Restaurants betrieben, und hinter mancher unschuldig erscheinenden Teestube verbirgt sich ein Bordell. Aber im Wesentlichen wird hier gehandelt – das Angebot reicht von Autoteilen, Werkzeugen und Juwelen bis zum Lebensmittelgroßhandel.

Silom Road – zwischen grüner Lunge und Rotlicht

Jenes Geschäftszentrum, das die Skyline von Bangkok heute prägt, schließt sich östlich an Chinatown und an die Altstadt an. Beim Blick auf

Links: Das Wat Pho dominiert der 45 Meter lange, 15 Meter hohe liegende Buddha.
Rechts: Kontrast: schlichte Buddha-Statue im glitzernden Wat Phra Keo.

die Karte scheint die Innenstadt nicht weit von der Altstadt entfernt zu sein, doch die Stadtteile trennen nicht nur architektonisch Welten: Rund fünf Kilometer Luftlinie zu überwinden kann Stunden in Anspruch nehmen.

Die Gründung dieses Viertels ist den europäischen Zuwanderern zu verdanken, die von den Thai »Rotköpfe« genannt wurden. Sie siedelten zuerst südlich des Chinesenviertels am Chao Phraya, wo der alte Flügel des Oriental Hotels – eines der berühmtesten und besten Hotels der Welt – von vergangenen Zeiten zeugt. Als der Platz am Fluss eng wurde, begann man das Hinterland zu erschließen, und heute wachsen dort die Hochhäuser schneller in den Himmel als Spargel aus der Erde. Zwischen Hotels, Geschäftsgebäuden und Einkaufszentren, die in Preis und Auswahl dabei sind, sogar jene in Singapur und Hongkong hinter sich zu lassen, gleitet der hochmoderne Skytrain über sein auf Stelzen errichtetes Betonskelett, das nicht eben zur Verschönerung der Stadt beiträgt. Aber wegen des sumpfigen Untergrunds, in dem jede U-Bahn absäuft, war dies die einzige Möglichkeit, dem chronisch überlasteten Verkehr Bangkoks etwas Luft zu verschaffen.

Zumindest der Hauch einer frischen Brise weht durch den Lumpini-Park – eine Oase mit Grünflächen und See, die hartnäckig gegen die Begierden der Geschäftswelt verteidigt wurde. Am Morgen finden sich hier viele Chinesen zu ihren Tai-Chi-Übungen ein, und fliegende Händler bieten neben Snacks auch Gesundheitsgetränke aus frischem Schlangenblut an.

Entlang der Silom Road gibt es gute Einkaufsmöglichkeiten für thailändische Souvenirs – seien es Seidentücher, Handwerkserzeugnisse oder schöne, auf antik getrimmte Holzschnitzereien. In einer Seitengasse der Silom liegt das bekannteste Rotlichtviertel Bangkoks. Bei Tage ist es so

Links: In der Bamrung Muang zwischen Wat Pho und Wat Suthat wird vor allem Klosterbedarf angeboten. – Rechts: Glitzernde Kulisse am Chao Praya.

unscheinbar, dass man leicht daran vorbeiläuft. Am Abend ist es dann nicht mehr zu übersehen: Jede Menge neugierige Touristen bummeln über den Markt, um einen Blick auf das anrüchige Nachtleben Bangkoks zu erhaschen, das hier in Form von Tabledance-Bars, Diskotheken, Cafés und Bordellen die entsprechenden Wünsche zufriedenstellt.

Shoppen ohne Ende

Ein Stückchen weiter liegt rund um den Siam Square eines der bekanntesten Einkaufs- und Unterhaltungsviertel Bangkoks mit Einkaufszentren und kleinen Geschäften, dazu viele Stände auf den Bürgersteigen und Kinos, die die neuesten Hollywoodproduktionen in Originalversion zeigen. Hier gibt es auch viele Diskotheken und Bars, ein Hard Rock Café sowie weitere Unterhaltungs- und Einkaufsmöglichkeiten.

Wer es edel und teuer mag, der wird im World Trade Center eine Ecke weiter fündig. Neben dem Zen-Departmentstore mit seinem Angebot an Designermode bieten hier unendlich viele Geschäfte genügend Angebote, um allein darin einen Tag beim Bummeln zu verbringen. Und

wem danach der Kopf raucht, der kann sich im Obergeschoss auf Thailands erster Eislaufbahn abkühlen …

Schwimmende Märkte

Nachdem die Klongs, wie die Kanäle hier genannt wurden, Bangkoks Straßen weichen mussten, sind auch die schwimmenden Märkte, die sie einst belebten, aus dem Stadtbild verschwunden. Dafür lebt diese Tradition aber im Gebiet westlich von Bangkok weiter, wo sich auf dem verzweigten Kanalsystem noch viele dieser Märkte finden: Der bekannteste ist vielleicht zugleich auch das meistfotografierte Motiv Thailands und findet sich in Damnoen Saduak: Hierher führen die in Bangkok angebotenen Touren. Schön ist dieser schwimmende Markt allerdings nur am ganz frühen Morgen, bevor der große Touristentrubel einsetzt.

Ayutthaya – Siams glanzvoller Höhepunkt

Nur wenige Fahrstunden nördlich von Bangkok finden sich die Überreste der zweiten Hauptstadt der Thai. Mit dem Namen Ayutthaya verbindet sich der Höhepunkt an Macht und Glanz für das Königreich Siam. In den 400 Jahren seines Bestehens war es das mächtigste Königreich Südostasiens. Im Jahr 1350 wurde die Hauptstadt des damals unbedeutenden Vasallenstaats vom Prinzen U Thong auf die natürliche Insel am Chao Phraya verlegt. Bei der Namengebung griff der Prinz auf das bekannte indische Epos *Ramayana* zurück und benannte die Stadt nach Ramas Geburtsort Ayodhya: Der Name kommt aus dem Sanskrit und bedeutet »die Unbezwingbare« – ein gewagter Name für ein kleines Fürstentum; aber während in Sukhothai, der damaligen Hauptstadt, der Geist des Buddhismus gepflegt wurde, entstand hier ein kleines, schlagkräftiges Reich, das sich immer mehr ausdehnte und im Jahr 1438 schließlich auch Sukhothai einnahm.

Von den Khmer übernahmen die Herrscher Ayutthayas das hinduistisch-brahmanische Gottkönigtum mit all seiner Pracht und Verschwendung. Alle ausländischen Besucher der Stadt berichten übereinstimmend

Links: Schwimmender Markt in Damnoen Saduak. – Oben: Elefanten im historischen Zentrum Ayutthayas. – Unten: Schulklasse am Wat Mahatat in Ayutthaya.

davon, hier im 18. Jahrhundert eine der prächtigsten Städte der Welt vorgefunden zu haben, die es an Reichtum und Ausdehnung sogar mit Paris und London aufnehmen konnte.

Überrannt vom Erzfeind

Nur zweimal im Lauf der vier Jahrhunderte wurde das Reich von Ayutthaya ernsthaft bedroht: Mitte des 16. Jahrhunderts waren es die Burmesen, die Ayutthaya besetzten, aber schließlich wieder vertrieben und besiegt werden konnten. Den Burmesen blieb es dennoch vorbehalten, Siam ein zweites Mal zu besiegen: Im Jahr 1767 eroberten sie das Reich von Ayutthaya und zerstörten dabei die Hauptstadt. Diese Niederlage bedeutete das Ende der Dynastie und des Reiches von Ayutthaya, die Unbezwingbare war zerstört und zertreten. Die burmesischen Truppen vernichteten nicht nur die Paläste, sie schmolzen auch kostbare Buddha-Bildnisse ein und verbrannten die Bibliothek mit ihren unwiederbringlichen Dokumenten, in denen die Geschichte Siams niedergeschrieben war. Zwar erholte sich Siam erneut rasch und kam unter den

Chakris von der neuen Hauptstadt Bangkok aus zu neuem Glanz, aber die Zerstörung ihrer prächtigen Hauptstadt haben die Thai den Burmesen nie verziehen.

Von Kanchanaburi zum Drei-Pagoden-Pass

Westlich von Bangkok, am Fuß blauer Berge und am Zusammenfluss von Kwae Yai und Mae Klong, liegt Kanchanaburi. Berühmt wurde die Stadt durch den Roman *Die Brücke am Kwai* und den nach dieser Vorlage produzierten Hollywoodfilm. Dank der landschaftlich reizvollen Umgebung und den originellen Unterkünften in Hausbooten auf dem Fluss bleiben hier viele Reisende gerne länger als einen Tag. Gedenkstätten in Kanchanaburi erinnern an die Abertausenden von Toten, die der Bau der Eisenbahnlinie gekostet hat. Nach der Besetzung Südostasiens durch japanische Truppen im Zweiten Weltkrieg planten die Japaner die Eroberung Britisch-Indiens. Um Nachschub zur Unterstützung des Vormarsches liefern zu können, sollte das Eisenbahnnetz Thailands mit dem von Burma verbunden werden.

Die Todesbahn

Für den Bau der 415 Kilometer langen Strecke durch den Dschungel und das Berggebiet zwischen Thailand und Burma wurden rund 250 000 asiatische Zwangsarbeiter und circa 61 000 alliierte Kriegsgefangene eingesetzt. Unter dem härtesten Druck des Militärs und mit vielen Opfern wurde in nur 16 Monaten ein Bau vollendet, für den japanische Ingenieure fünf Jahre angesetzt hatten: Rund 16 000 alliierte Gefangene erlagen dabei den schlechten Bedingungen, starben durch Unfälle oder wurden hingerichtet. Unter den asiatischen Kulis war die Todesrate sogar noch weit höher: Zwischen 90 000 und 100 000 Tote waren zu beklagen.

Links: Die Brücke am Kwai. – Rechts: Friedliche Invasion: burmesische Nonnen bei der Almosenrunde am Drei-Pagoden-Pass.

Heute existieren noch rund 60 Kilometer der »Todesbahn«, die über gewagte Holzkonstruktionen nach Nam Tok führt. Vorfahrt auf der Brücke haben allerdings die Touristen, die dem sich im Schritttempo vorwärtsbewegenden Zug auf der Brücke nur widerwillig weichen. Jenseits der burmesischen Grenze wurde die Eisenbahnstrecke von den Karen gänzlich abgebaut, die das Material bevorzugt zum Brückenbau verwendeten. Erstaunlich ist der Rummel um die vor allem von japanischen Reisegruppen aufgesuchte Brücke am Kwai: Verkaufsstände bieten die entsprechenden Souvenirs an, und jährlich nach dem Ende der Regenzeit findet ein großes Spektakel mit verschwenderischem Einsatz von Feuerwerkskörpern statt, in dem die vermeintlichen Geschehnisse nachgestellt werden. Anders als im Roman wurde die Brücke allerdings nicht von heldenhaften Freiheitskämpfern zerstört, sondern erst kurz vor Kriegsende durch Bombenangriffe.

Wasserfälle und Hausboote

Doch nicht nur der makabere Rummel um die Brücke am Kwai bringt Touristen nach Kanchanaburi. Vermehrt wird auch die wunderbare Landschaft der Provinz Kanchanaburi zum Ziel. Wer sich gerne treiben lässt, kann sich auf einem Hausboot einmieten, die Beine ins Wasser baumeln lassen und gemächlich tropische Landschaft mit Wasserfällen, gelegentliche Hängebrücken, baumhohen Bambus, neugierige Kinder und andere Eindrücke an sich vorbeiziehen lassen.

Deutlich anstrengender ist der Besuch der Erewan-Wasserfälle, die zu den schönsten Wasserfällen Asiens zählen. Der Nationalpark bietet ausgeschilderte Wanderwege an. Über viele Stufen ergießt sich der Fall durch den Urwald des Erewan-Nationalparks eine steile Bergflanke hinab. Ist der Anfang noch romantisch und leise plätschernd, wird es

Links: Der Erewan-Wasserfall gilt zu Recht als einer der schönsten Thailands.
Rechts: Der Khao-Laem-Stausee passt sich perfekt in die tropische Hügellandschaft ein.

immer beeindruckender – und anstrengender –, je weiter man sich den Berg hinaufarbeitet. Zur Abkühlung laden wunderbare Pools unterwegs ein. Bis zu den letzten Stufen, wohin nur noch ein kleiner, steiler und glitschiger Pfad führt, dringen nur noch wenige Besucher vor. Doch selbst wenn es gelingt, unterwegs kein unfreiwilliges Bad zu nehmen, wird man oben keine trockene Faser mehr am Leib haben. Zu schweißtreibend ist der Aufstieg, der im heißen Klima alle Kräfte fordert.

Über den Hellfire-Pass zum Khao-Laem-See

Nimmt man die gut ausgebaute Nationalstraße 323 von Kanchanaburi in Richtung Nordwesten, so folgt man damit in etwa der Strecke, durch die die Eisenbahnlinie nach Burma führte.

Am Hellfire-Pass verlässt die Straße die Ebene und überquert den ersten Pass jener Gebirgskette, die die natürliche Grenze zwischen Burma und Thailand bildet. Die Berge sind weder besonders hoch noch besonders zerklüftet. Doch bedeckt mit tropischem Dschungel bildeten sie ein ernst zu nehmendes Hindernis – und die Zwangsarbeiter an der Siam-

Burma-Eisenbahn wähnten sich hier im Höllenfeuer gebraten. Alleine ein rund 1000 Meter langer Graben im Felsgestein kostete an die 400 Menschenleben.

Für Reisende, die die Strecke mit der Leichtigkeit erleben, mit der heute die Fahrzeuge über den glatten Belag der neuen Teerstraße rollen – nur leise zischen die Räder auf dem Asphalt – sind der Schmerz und die Qual nicht mehr nachvollziehbar. Schon gar nicht, wenn Morgennebel und Sonne die Landschaft in ein mystisches Licht tauchen.

Wahrhaft traumhaft werden die Ausblicke, wenn man das südliche Ende des Khao-Laem-Stausees erreicht. Eingebettet in die Berge, umrahmt von Karstfelsen und dichter Vegetation und getüpfelt mit kleinen Inseln, dürfte der Khao-Laem-See zu den schönsten Stauseen der Welt gehören. An seinem nördlichen Ende liegt das kleine Städtchen Sangkhlaburi, Markt und Treffpunkt für die Menschen der Umgebung. Diese bilden ein Völkergemisch aus Karen, Thai und Mon, wobei Letztere sich als Flüchtlinge aus Burma über die Grenze geschlagen haben. Von Sang-

khlaburi lassen sich Ausflüge in die Umgebung unternehmen, seien es Fahrten mit einem Longtailboot über den See oder Elefantenritte am Rande des Dschungels. Das Erlebnis tropischer Natur von ihrer schönsten Seite ist hier garantiert!

Isan – das vergessene Thailand

Wer von Bangkok aus nach Osten fährt, kommt in Thailands trockenste Region, den Isan. Der gilt als Thailands Armenhaus und ist in weiten Teilen landschaftlich eintönig. Dennoch verbergen sich hier einige von Thailands spektakulärsten Tempelanlagen. Allesamt wurden sie zur Glanzzeit von Angkor errichtet. Phimai gilt gar als Vorbild für die sehr viel größere Anlage von Angkor Wat. Spektakulär liegt die Tempelanlage Phanom Rung auf einem erloschenen Vulkankegel, an dessen Fuß die ebenfalls großartige Unterstadt Muang Tam auf jeden Fall einen Besuch wert ist. Übertroffen werden diese Anlagen gar noch von dem zwischen Thailand und Kambodscha umstrittenen Tempel Preah Vihar, der hoch über der kambodschanischen Ebene auf einem Berg liegt. Thailand scheint nun endlich die Zugehörigkeit zu Kambodscha anzuerkennen. Zu besuchen ist die Anlage aber nach wie vom am einfachsten von Thailand aus. All diese Anlagen vermitteln einen Eindruck von den prachtvollen Tempeln Angkors und ein Besuch lohnt sich auch dann, wenn man bereits in Angkor war.

Auf dem Weg nach Osten liegt mit dem Khao-Yai-Nationalpark dann noch eines der schönsten Naturschutzgebiete Thailands. Kaum ein anderer Park in Thailand ist so gut zu erreichen. Auf Wanderwegen lassen sich Blicke auf Wasserfälle, den Dschungel und seltene Tiere erhaschen. Tiger und Leoparden werden es wohl nicht sein, wohl aber Gibbons, Nashornvögel, Hirsche und Elefanten, um nur einige Arten zu nennen.

Links: Kambodschanischer Mönch im Prasat Khao Wihan.
Rechts: Die Khmer-Tempel in Phimai waren Vorbild für Angkor Wat.

Thailands Norden

Der Ursprung Thailands liegt im Norden des Landes und in der Ebene des Menam. Hier finden sich die alte Königsstadt Sukhothai und Chiang Mai, die »Rose des Nordens«, mit ihren Kulturdenkmälern. Zauberhafte Landschaften und dschungelbedeckte Berggebiete verlocken zu Entdeckungstouren in die abgelegenen Ecken der Region. Neben der landschaftlichen Schönheit bezaubert hier auch der Stil der Lanna-Architektur. Die aus Holz errichteten Tempelanlagen des Nordens zeigen bis heute ihren ganz eigenen, filigranen und sehr eleganten Stil.

Oben: Die ehemalige Halle des Wihan ist verschwunden, doch der Buddha sitzt noch im Wat Mahatat in Sukhothai.
Mitte: Chinesischstämmige Kinder in einem Bergdorf.
Unten: Wihan des Wat Phra Keo in Chiang Rai.

Sukhothai

Thailands Norden

Jenseits der Strände

Sukhothai – Chiang Mai – Chiang Rai – Mae Hong Son

Weit im Norden der Menam-Ebene lag nach ihrer Zuwanderung aus dem südlichen China das erste Reich der Thai. Mit Sukhothai verbindet sich ihr Aufstieg zur staatstragenden Nation, die Schöpfung ihrer eigenen Kultur und die Anfänge Thailands im Jahr 1238. Aus einer Rebellion heraus gegen die als ungerecht empfundene Herrschaft der Khmer gelangte ein Mönch auf den Thron von Sukhothai, das damals noch ein Außenposten des Reiches von Angkor war. Während des genau 200 Jahre langen Bestehens dieses Reiches entstand alles, was die Thai bis heute als eine Nation verbindet: Ihre Schrift, die aus dem Pali, einer südindischen Sprache, abgeleitet wurde, und der Hinayana-Buddhismus, dessen Kanon in Pali niedergelegt ist, wurden zu ihrer verbindenden Klammer. In dieser Zeit fand auch der typische Stil der Thai-Architektur seine feinsten Ausprägungen. Am schönsten ist dieser Stil in der Lanna-Architektur in der Region um Chiang Mai zu sehen, wie am Wat Doi Suthep.

Sukhothai

Sukhothai steht für die »goldene Epoche« der Thai, für eine Zeit allgemei-
nen Wohlergehens, der Gerechtigkeit und des Friedens, in der sich die
Herrscher mehr um das Wohl ihrer Untertanen und um die Ausübung der
Religion kümmerten als um den Aufbau von Staatsmacht und Pracht.
Zumindest im Rückblick erscheint es den Thai wie ein idealer Staat. Aber
schon nach 100 Jahren war der Höhepunkt seiner Macht überschritten,
und mit der Eroberung durch Ayutthaya verfiel Sukhothai endgültig in
einen Dornröschenschlaf. Heute liegen die Überreste in einer großzügigen
Parklandschaft außerhalb eines verschlafenen, aber netten Provinzstädt-
chens – ein idealer Zwischenstopp auf dem Weg nach Norden.

Chiang Mai und der Norden

Die »Rose des Nordens«, wie sich die Stadt Chiang Mai gerne nennen
lässt, »liegt auf einem von Hügeln eingerahmten Plateau und sieht so

*Links: Buddha im Wat Doi Sutheb. – Rechts: Junge Mönche auf dem Weg zur Schule in
einem der unzähligen Klöster in Chiang Mai.*

aus, als ob man es zu malen vergessen hätte. Der Me-Ping-Fluss rauscht wild dahin und besinnt sich dann in der Mitte der Reisebene auf milde Träumerei. Die alte, von Wällen umgebene Stadt am Ufer des Me Ping hat winklige Gassen, Riesenbäume und rote und goldene Tempeldächer, die sich ernst und feierlich über dem alten Marktplatz erheben. Dort hocken alte Lao-Frauen zufrieden unter ihren riesigen Sonnenschirmen und rudern des Abends auf dem Fluss in ihre Hütten zwischen Attap-Palmen und Bambus«: So rosig und lieblich wie noch im Jahr 1953 von Alice Ekert-Rosenholz beschrieben, ist Chiang Mai heute schon lange nicht mehr. Lebhafter Verkehr brandet durch die Straßen der wichtigsten Stadt Nordthailands, ein Schnellstraßenring umgibt den alten Stadtkern. Aber noch ist es nicht verschwunden, das gewisse Etwas, das so viele Fremde nach Chiang Mai zog: Innerhalb der alten Stadtmauern finden sich immer noch alte Tempel, enge Gassen und von großen Gärten umgebene Häuser. Hier lebt es sich auch immer noch angenehmer als in der Hektik und Hitze Bangkoks.

Eine Million Reisfelder

Wenngleich die Thai der Menam-Ebene und die von Chiang Mai auf eine gemeinsame Herkunft zurückblicken können, so sind die Zeiten einer gemeinsamen Geschichte eher rar. Hier im Norden entstanden schon vor der ersten Thai-Staatsgründung in Sukhothai die ersten Fürstentümer. Parallel zu Sukhothai entstand im Norden das Königreich Lanna (»Eine Million Reisfelder«), das jahrhundertelang selbstständig blieb

und Teile der heutigen Staaten Laos und Burma mit einschloss. Mitte des 16. Jahrhunderts übernahmen die Burmesen die Herrschaft, und erst im Jahr 1776 wurde Lanna durch General Taksin zurückerobert und Siam angeschlossen – was nicht unbedingt als Befreiung begrüßt wurde.

Hier im Norden entstanden auch die ersten künstlerischen Höhepunkte des Landes. Selbst der Samaragdbuddha, das Nationalheiligtum, stammt aus den Händen von nordthailändischen Künstlern. Die Verbindungen über die Grenze in den Shan-Staat sind herzlicher als die nach Süden. Die alte Sprache der Region, das Khon Meuang, ist eng mit der Sprache der Shan verwandt, die sich selbst als Thai bezeichnen, von den Thai jedoch als Thai Yai, ältere Thai, bezeichnet werden.

Völkergemisch

Im Norden leben mehr verschiedene ethnische Gruppen friedlich auf engem Raum als irgendwo sonst in Thailand. Die Khon Neua, wie die Nordthai heißen, teilen sich ihr Gebiet seit Jahrhunderten mit Burmesen, Shan, Mon, Lao, Chinesen. Dazu kommen die tibetischstämmigen Bergstämme der Karen, Akha, Lahu und Lisu und die aus dem südlichen China stammenden Mien und Hmong. Allein die Karen, mit rund 350 000 Menschen die zahlenmäßig stärkste Gruppe der Bergstämme,

Links: Bei Kong Chiang verlässt der Mekong die Grenze zwischen Thailand und Laos.
Rechts: Kinder in einem Hmong-Dorf oberhalb von Chiang Mai.

unterteilen sich in Thailand in Sgaw, Pwo, Pa-O und Karenni – ein wahrhaft babylonisches Völkergemisch, das sich hier zusammengefunden und über lange Zeit gut miteinander arrangiert hat.

Thailands höchste Berge

Aber vor allem ist Chiang Mai ein Ausgangspunkt für die verschiedensten Reisen im Norden, der all jene anzieht, die sich von Thailand auch mehr erwarten als Sonne und Sand. Gleich hinter Chiang Mai steigen die Berge zu Thailands höchstem Bergmassiv an, dem 2565 Meter hohen Doi Inthanon. Für die besonders am Wochenende in großen Scharen aus Chiang Mai hierherströmenden Thai ist der Besuch auf der alles überragenden Kuppe etwas ganz Besonderes – allein schon die kühle und frische Luft ist für einen Besucher aus Bangkok ein besonderes Erlebnis.

Direkt über Chiang Mai erhebt sich zudem das nur wenige Kilometer entfernte Doi-Suthep-Massiv: In der Nähe des 1601 Meter hohen Gipfels steht eine der wichtigsten Tempelanlagen Nordthailands, die auch auf den Besucher aus dem fernen Westen einen speziellen Reiz ausübt – vor allem dann, wenn dichte Wolkenschwaden an den Hängen des Massivs emporkriechen und die Anlage in mystische Nebel tauchen. Eine Naga-Treppe mit 200 Stufen führt zum Eingang. Im Zentrum des Wat Phra That Doi Suthep erhebt sich ein goldglänzender, mehrgeschossiger Chedi. Der Innenhof ist umgeben von einem Kreuzgang, in dem lange Reihen von Buddha-Figuren in Meditationshaltung eine tiefe Ruhe ausstrahlen. Das Wat ist eines der schönsten Beispiele der Lanna-Architektur. Ein weiteres Beispiel findet sich in Lampang Luang. Auch das Wat Phra That Lampang Luang genießt höchste Verehrung.

Links: Auf dem Straßenmarkt in Chiang Rai trifft man auch auf ethnische Minderheiten. – Rechts: Am Gipfel des Doi Inthanon kann es sogar frieren.

Im Goldenen Dreieck

Warlords und Opium, dichter Dschungel und versteckte Pfade in die Dörfer der Opiumbauern, all das schwingt mit in der Bezeichnung vom Goldenen Dreieck. Aber auf thailändischer Seite sind die Opiumfelder, die einst zur traditionellen Kultur mancher Stämme zählten, inzwischen verschwunden. Musste man Anfang der Achtzigerjahre manchmal nur wenige Minuten von der Hauptstraße abgehen, um auf die offiziell verbotenen Blumen des Bösen zu treffen, so ist es der Regierung mittlerweile gelungen, den Anbau von Opium auf Gemüse umzustellen. Der Wanderfeldbau der Bergvölker stellt ein ernstes Problem für die Bergwälder dar, die als Regenwasserspeicher dringend benötigt werden. Die damit verbundene Brandrodung entzieht den Stämmen bei steigender Bevölkerungszahl die Lebensgrundlage. Vor allem aber führt das Abholzen zu Überschwemmungen in den Ebenen, wo der Reis, die Lebensgrundlage Thailands, wächst. Und was während der Regenzeit zuviel an Wasser hinunterströmt, fehlt in der trockenen Jahreszeit. Mit der Ein-

führung einer nachhaltigen Bewirtschaftung sowie der Anbindung an die Märkte wäre letztlich allen geholfen – nicht zuletzt den zum Teil unter extrem ärmlichen Bedingungen in den Bergen lebenden Stämmen, die keine Lobby besitzen und für die bis vor kurzem Thailand noch oft ein Land war, mit dem sie nichts zu tun haben wollten.

Ganz im Norden: Chiang Rai

Die Hauptstadt von Thailands nördlichster Provinz, Chiang Rai, hat viel, wenn nicht alles von ihrem früheren, eher verschlafenen Charme eingebüßt. Heute ist sie ein geschäftiges Zentrum mit Pizza Hut und Adidas-Shop, Internetzugang in die weite Welt und einem Flughafen für den Anschluss an Bangkok. In Mae Sai kann man – je nach gerade herrschender politischer Lage – nach Myanmar einreisen. Mit gültigem Visum und einigem Glück kann man sogar bis China weiterreisen. Übersichtlicher ist die Lage in Laos. Für 30 Dollar ist in Chiang Kong das Visum für Laos zu bekommen, und wer ein gültiges Visum für

China besitzt, den trennen nur noch die vielen langen Stunden auf löchrigen Straßen von der Weiterreise in das chinesische Xixuanbanna, das in China für seine Thaivölker berühmt ist. Chiang Kong ist ein verschlafenes Provinznest am Ufer des breit und träge dahinfließenden Mekong. Von den Terrassen netter kleiner Hotels schweift der Blick hinüber zu den Hügeln von Laos. Nur etwas Wasser trennt hier zwei Welten: das geschäftige Thailand und das aus langem Schlaf erwachende Laos, das sich immer noch verwundert die Augen zu reiben scheint, wenn es über den Fluss

nach Thailand blickt. Reizvoll ist aber auch eine Fahrt von Chiang Mai in den Nordwesten, durch eine spektakuläre Berglandschaft über Tausende von Kurven, die sich oft halsbrecherisch steil die Berge hinaufschlängeln, bis nach Mae Hong Son an der Grenze zum Karen-Staat in Myanmar. Der Bus legt die rund 200 Kilometer lange Strecke in rund zehn Stunden zurück – ungleich aufregender ist es allerdings, ein eigenes Fahrzeug, sei es ein Motorrad oder ein Auto, über das makellose Asphaltband zu dirigieren. Unterwegs kann man dann in Pai oder Soppong pausieren. Von beiden Orten aus sind Wanderungen zu Bergdörfern möglich.

Zwischen den Fronten

Mae Hong Son war einst einer der abgelegensten Flecken, fast am Ende der Welt. Nun ist es bequem mit dem Flugzeug in kürzester Zeit zu erreichen. Die Stadt bietet reichlich Ausflugsmöglichkeiten in die Umgebung – sei es zu riesigen Höhlen im Karstgebirge oder zur Grenze nach

Links: Mönche in Mae Suai. – Rechts: Im Wat Phra Keo in Chiang Rai sitzt eine Kopie des Smaragdbuddhas, der das thailändische Nationalheiligtum ist.

Myanmar, wo in Camps entlang der Grenze Karen-Flüchtlinge leben; seien es Trekkingtouren oder Bootsfahrten … Das vor allem von Shan bewohnte Städtchen lebt nicht zuletzt von der Versorgung der Drogenbarone mit Lebensmitteln und Konsumgütern, die das Gebiet jenseits der Grenze beherrschen. Zur Bekanntheit von Mae Hong Son haben in nicht geringem Umfang die Flüchtlingslager der Padaung beigetragen – einer Untergruppe der Karen, die seit der Unabhängigkeit Burmas von Großbritannien für einen eigenen Staat kämpfen. Die Brutalität des burmesischen Militärs trieb viele Tausende in die Flucht und in Lager an der Grenze. Das bekannteste Flüchtlingslager ist wohl Ban Nai Soi. Weniger bekannt ist, dass sich in seiner Nähe auch große Karen-Camps befinden.

Berühmt ist der Halsschmuck der Padaung-Frauen. Niemand weiß, wie sie dazu kamen. Eine Theorie geht davon aus, dass die Spirale um den Hals Angreifer davon abhalten sollte, die Frauen zu verschleppen. Andere sehen darin einen Schutz gegen Tigerbisse – tatsächlich beißen Tiger ihre Opfer bevorzugt in den Hals.

Anders als meistens angenommen, wird durch diesen Halsschmuck keineswegs der Hals gestreckt, sondern die Nackenmuskeln und die Schlüsselbeine werden nach unten gedrückt. Dadurch entsteht der Eindruck, als ob der Hals länger würde. Wenn die Frauen wollen, können sie den Schmuck ohne größere Probleme ablegen. Allerdings geschieht dies nur sehr selten, da das Anlegen der Spirale eine langwierige und komplizierte Prozedur ist, bei der ein langes Rohr gleichmäßig um den Hals gewunden wird. Kleine Mädchen bekommen im Alter von etwa fünf Jahren das erste Mal den Halsschmuck angelegt, der dann etwa alle zwei Jahre durch einen neuen und längeren ersetzt wird, bis die Spirale eine Höhe von etwa 14 Zentimetern erreicht.

Links: Das Flüchtlingslager an der Grenze zu Myanmar. – Rechts: Die Padaung sind mit ihrem extravaganten Halsschmuck einer der bekanntesten Stämme der Karen.

Zu Besuch bei den Bergstämmen

Was das Trekking zu den Bergstämmen betrifft, so gehen die Meinungen weit auseinander. Zahlreiche Agenturen bieten solche Touren von Chiang Mai aus an. Auch wenn die Touren von den Führern professionell vorbereitet werden, sollte man die Anstrengungen und Gefahren, etwa durch Krankheiten wie insbesondere Malaria, nicht unterschätzen. Nicht gänzlich auszuschließen ist auch die Gefahr bewaffneter Überfälle. Sie sind zwar selten, aber im Falle eines Falles ist von Gegenwehr dringend abzuraten, da schon Touristen beim Versuch, ihre Kamera zu verteidigen, erschossen worden sind. Das Hauptproblem auf einem solchen Trek ist aber die Hitze. Auch wenn die Tour durch ein Dschungelgebiet führt, liegen die steilsten Wegstücke oft in der prallen Sonne. Und die kann selbst im Dezember und Januar noch stark genug sein, um zu einem Hitzestich zu führen. In der heißen Jahreszeit, also mehr oder weniger während des übrigen Jahres, wird die Sonne sogar schnell unerträglich heiß.

Eine andere Frage ist die nach der Rechtfertigung solcher Besuche. Das Eindringen zahlreicher Wanderer, alle mit Kameras bewaffnet, erschüttert die sozialen Strukturen der Dörfer, ohne dafür auch nur einen zumindest finanziellen Ausgleich zu liefern. Stattdessen bleibt das Geld weitestgehend in den Taschen der Agenten – die Dorfbewohner werden mit Süßigkeiten und Zigaretten abgespeist. Der unvorbereitete Kontakt mit Trekkern bringt das Wertesystem der bislang isoliert lebenden Menschen ins Wanken.

Es ist nur natürlich, dass mitgeführte Technikartikel wie MP3-Player und Kameras Begierden auslösen und Zweifel an der eigenen Kultur schüren, die solche Luxusgüter nicht bereitzustellen vermag.

Der weiße Elefant

Elefanten spielen seit jeher in Thailand eine große Rolle. Bis 1917 zierte ein weißer Elefant die Flagge Siams, und Lan Xang – ein Vorgängerreich von Laos, das auch Teile von Thailands Norden einschloss – bedeutete

»Eine Million Elefanten«. Weiße Elefanten werden besonders verehrt und stehen als Reittiere nur Königen zu. Im Krieg waren Elefanten früher ebenso wichtig wie in Friedenszeiten als Arbeitstiere. Insbesondere in den undurchdringlichen Wäldern sind sie jeder Maschine überlegen: Mit ihrer Hilfe ist es möglich, gefällte Baumstämme ohne große Schäden für das Umfeld abzutransportieren. Seit 1989 der Einschlag von Teakholz verboten wurde, sind die meisten Elefanten jedoch arbeitslos – und mit ihnen auch die Mahouts, die

Elefantenführer: Wenn ein Elefant mit drei bis fünf Jahren das Training aufnimmt, werden ihm zwei Mahouts zugeordnet, ein junger und ein älterer, die das Tier auf seiner etwa 50 Jahre langen Arbeitslaufbahn begleiten – die Umstellung auf einen neuen Führer ist nicht möglich. Mit 61 Jahren muss der Elefant dann in die Wildnis entlassen werden. Allerdings gibt es heute nicht mehr allzu viele dafür geeignete Waldgebiete, da der Waldbestand in den letzten Jahrzehnten dramatisch zurückgegangen ist.

Mangels Alternativen versuchen immer mehr Führer, mit ihren Tieren für Touristen zu arbeiten. Fast überall in Thailand findet man Elefantencamps, in denen der Arbeitseinsatz von Elefanten demonstriert wird und wo Ausritte möglich sind. Das wohl beste ist das staatliche Thai Elephant Conservation Center bei Lampang. Neben den Vorführungen gibt es dort auch ein Museum und eine Elefantenklinik. Wer den Tieren und dem Leben der Mahouts noch näher kommen möchte, kann hier einen Trainingskurs belegen und bei den Führern wohnen – ein unvergessliches Erlebnis!

Links: Im Thai Elephant Conservation Center in Lampang nehmen die Dickhäuter täglich ein Bad. – Rechts: Zeugen der Vergangenheit: Steinelefanten am Wat Sorasak in Sukhotai.

Der Golf von Thailand

Feine Sandstrände, geschützt durch vorgelagerte Korallenriffe, schmiegen sich an tropisch grüne Buchten: Viele Reisende vergessen an den warmen Wassern der Küsten Thailands, dem Zauber des Hinterlandes nachzuspüren. Liegt man erst einmal am Strand von Ko Samui, Ko Phangan oder Ko Chang unter Palmen, scheint das Leben jenseits des türkisfarbenen Horizonts schnell im Dämmerlicht des Unwirklichen zu versinken.

Wer sich doch vom Strand losreißen kann, findet unweit des Traumstrandes unwirkliche Atolle, die mit steilen Karstfelsen senkrecht aus dem Wasser aufragen. Versteckte Eingänge führen zu verborgenen Lagunen, bizarre Felsspalten öffnen sich, wenn man mit dem Seekajak im Ang-Thong-Meeresnationalpark unterwegs ist.

Oben: Niedlich: ein Elefant als Haustier in einem Hotel auf Ko Samui.
Unten: Die Tham Khao Luang ist Thailands schönster Höhlentempel.
Rechts: Pattaya: auf dem Weg zum Markt noch schnell geschminkt.

Ko Samui

Der Golf von Thailand

Der Strand der Strände

Ko Samui – Ko Phangan – Ko Tao – Phetchaburi – Cha-Am – Hua Hin – Prachuap Khiri Khan – Ko Chang – Pattaya

Der Strand! Irgendwo hier muss er sein, der einzigartige Strand: blendend weißer Korallensand, kristallklares Wasser, Einsamkeit, Ruhe und Entspannung – ganz allein im Inseltraum … Nein, ganz allein will man natürlich auch nicht sein, sondern mindestens zu zweit, und vielleicht versteckt sich ja auch noch ein klitzekleines Restaurant zwischen den Palmen und tropischen Pflanzen. Was  *nützt schließlich die schönste Strandidylle, wenn die Fische zwar in Mengen durchs Wasser flitzen und tropische Früchte an den Bäumen hängen, aber trotzdem der Magen knurrt, weil man als an die europäische Zivilisation gewöhnter Reisender nicht weiß, was und wie man davon essen kann. Selbst die frische Kokosnuss fällt nicht gerade dann herab, wenn man durstig ist – und liegt sie dann endlich unten, erweist sich ihre Hülle als ziemlich »einbruchsicher«. Bleibt also nur noch, den Traum vom einsamen Strand um ein Restaurant zu ergänzen, in dem*

gerade ein Sternekoch seiner meisterlichen Tätigkeit nachgeht … *Meine Zehen spielen im Sand, während ich genüsslich einen eiskalten, frisch gemixten Planter's Punch schlürfe; im Hintergrund brutzelt ein frischer Fisch in der Pfanne, und sein verführerischer Duft kitzelt meinen Gaumen: zu schön, um wahr zu sein? Keineswegs. Hunderte Inselchen, ungezählte Strände warten auf Besucher, viele davon noch immer kaum erschlossen. Gut, auf den Sternekoch wird man vielleicht verzichten müssen, aber dass es in einem kleinen Strandrestaurant weniger gut schmeckt, ist gar nicht gesagt: Die Zutaten stimmen, und unglaublich leckeres Essen gibt es selbst in den kleinsten Strandhütten.*

Robinson ist auf Ko Samui allerdings nicht mehr zu Hause: Das kleine Strandrestaurant findet man immer noch, aber die Hotels werden immer größer. Was nicht heißt, dass man Ko Samui nun endgültig den Rücken kehren müsste. Trotz der vielen Besucher finden sich dort immer noch

Links: Auf Ko Tao tummeln sich viele Taucher, da die Riffe rund um die kleine Insel zu den schönsten im Golf gehören. – Rechts: Traumstrand auf Ko Chang im nördlichen Golf.

ruhige Plätzchen zum Träumen und halbwegs abgelegene Hüttenanlagen sogar am Rand der beiden Hauptstrände Lamai und Chaweng. Wem das immer noch zu viele Menschen sind: Wie wäre es mit Ko Phangan, wohin vom Big Buddha Pier Boote übersetzen. So mancher Strand in Phangan ist nur per Boot oder zu Fuß zu erreichen. Zwar gibt es dorthin dann keine regelmäßige Schiffsverbindung. Aber hatte Robinson die etwa?

Leben unter Kokospalmen

Ko Samui bietet eine ganz besondere Mischung aus billigen Strandhütten und Luxusherbergen, ruhiger Tropenidylle und lautstarken Bars. Die Langzeiturlauber, die nur möglichst billig möglichst lange irgendwo unterkommen wollten, sind weitgehend verschwunden oder betreiben jetzt selber Bars und Unterkünfte; dafür kommen nun Reisende, die in möglichst kurzer Zeit möglichst viel erleben wollen: nach dem späten Frühstück an einen tropischen, ruhigen Strand, gelegentlich vielleicht auch eine Bootstour, schnorcheln, tauchen oder mit dem Seekajak auf hohe See paddeln und nachts Nightlife bis zum Abwinken.

Die Kokosbauern, die früher so glücklich waren, eine Plantage an den schönen Sandstränden der Insel zu besitzen, haben längst auf Tourismus umgesattelt. Dennoch kommen noch immer auf jeden Urlauber drei

Palmen, die im Gegensatz zu den Urlaubern ganzjährig auf Ko Samui bleiben.

Fast eine Million Reisende besuchen heute jährlich Ko Samui, der größte Teil davon mit dem Rucksack. Aber immer mehr Touristen strömen auch in die Mittelklassehotels, die sich zwischen die Bungalowanlagen in Chaweng und Lamai drängen. Die mühselige Anreise aus Bangkok mit Bus und Fähre, zu der es in früheren Tagen noch keine Alternative gab, lässt sich nun dank der Flugverbindung auf eine gute Stunde reduzieren.

Wer neben einer gepflegten Unterkunft auch noch etwas Abwechslung beim Bummel durch Strandrestaurants und Bars sucht, tut sich in Ko Samui bedeutend leichter, der gepflegten Langeweile der Mittelklassehotels zu entrinnen, als in Phuket.

Ko Phangan und Ko Tao – die kleinen Schwestern

Vom Big Buddha aus scheint die Schwesterinsel Ko Phangan zum Greifen nah zu sein. Dorthin zieht es heute die jungen Reisenden mit wenig Geld in der Tasche. Die Insel ist rauer und bergiger als Ko Samui und immer noch nicht vollständig mit Straßen erschlossen. Manche der traumhaften Strände sind nur über Pisten oder mit dem Boot zu erreichen.

Die Preise sind niedriger, aber die Zeit, als es nur einfache Strandhütten gab, ist lange vorbei. Hier finden sich mittlerweile zahlreiche Unterkünfte im mittleren und gehobenen Preissegment. Besonders in Hat Rin, dem bekanntesten Stranddorf der Insel, steigen die Preise inzwischen heftig an. Hier findet die berühmt-berüchtigte Vollmondparty statt – ein Rave, bei dem tausende Tänzer wild entschlossen die Nacht zum Tag machen. Dem stehen in Hat Rin rund 2000 Betten gegenüber, die in der Hauptsaison schon Tage vor dem Rave alle belegt sind. Deshalb kommen viele Raver auch nur mit dem Nachmittagsboot von Ko

Links: Im Ang-Thong-Meeresnationalpark.
Rechts: Traumhafte Aussicht aus einfachen Hütten.

Samui, tanzen die Nacht durch und kehren am nächsten Morgen, wenn gegen elf Uhr die letzten Tänzer aufgeben, nach Ko Samui zurück.

Etwas weiter ab liegt Ko Tao, die dritte der Trauminseln im Golf: deutlich kleiner und felsiger, aber mit besonderem Charme. Die Insel ist fast vollständig in der Hand von Tauchschulen, zu denen viele der hiesigen Unterkünfte gehören – weshalb es in der Hauptsaison schwer sein kann, als Nichttaucher ein Hotel zu finden. Dafür sind die Anhänger von Unterwasserbegegnungen umso mehr von dieser Insel begeistert. Auch wer nur schnorchelt, kommt auf seine Kosten. Die Korallenriffe liegen direkt vor der Haustür, und gleich dahinter begegnet man den großen Fischen …

Im Ang-Thong-Meeresnationalpark

Hier ist er also, der Tatort von *The Beach*. Zumindest in seinem Roman hat Alex Garland seine Traumlagune auf einer der Inseln dieses Nationalparks lokalisiert. Die Szenerie ist fast schon unwirklich schön, und Garlands Geschichte wirkt durchaus glaubhaft. Zumindest die von der Lagune: Eine solche Lagune, die unterseeisch mit dem Meer verbunden ist, gibt es hier tatsächlich – die Grüne Lagune. Nur einen Strand bietet sie nicht – Strände findet man nur am offenen Meer unterhalb von Karstfelsen und Dschungel. Ein Traum ist diese Landschaft aus Meer und Fels und verborgenen Lagunen, die die Thai Hongs nennen. Manche Höhlen lassen sich mit einem Kajak befahren, und Martin, mein Führer von Blue Stars, bringt mich in das Labyrinth der rund 40 Inseln. Genüsslich paddeln wir unter den atemberaubenden überhängenden Felsen hindurch, schlüpfen mit den Seekajaks durch schmale Gänge, die die Gezeiten durch den Fels gegraben haben. Höhlen, Hongs und bizarre Karstfelsen formen eine unwirkliche Landschaft, wie man sie kaum besser erfinden könnte.

Links: Bungalows am Hat Rin auf Ko Phangan.
Rechts: Die Khao-Luang-Höhle in Phetchaburi ist einer der schönsten Höhlentempel.

Phetchaburi

Phetchaburi liegt 160 Kilometer südlich von Bangkok, nur wenige Kilometer vom Meer entfernt. Es ist eine der wenigen Tempelstädte in Küstennähe – und welch eine schöne! Vom Trubel verschont, bietet Phetchaburi eine Altstadt mit Flair. Zahlreiche Tempel lassen sich zu Fuß erkunden – doch der imposanteste Tempel liegt außerhalb der Stadt in einer Höhle.

Die Khao Luang zählt sicherlich zu den beeindruckendsten Höhlentempeln Asiens. Im Dämmerlicht der Höhle stehen zahlreiche Bildnisse Buddhas. Wahrhaft magisch mutet die Höhle an, wenn mittags die Sonnenstrahlen durch ein Loch in der Decke auf den Boden der Höhle fallen. Dann erglühen die Buddhas in einem sanften Strahlen, während sich die von der Decke hängenden Stalaktiten schwarz vor den Lichtstrahlen abzeichnen. Und weit hinten in der Höhle, wohin natürliches Licht kaum mehr vordringt, liegt ein großer Buddha, bereit, in das Nirwana einzugehen.

Prachuap Khiri Khan

Hier ist der »Flaschenhals« Thailands am engsten: Nur wenige Kilometer trennen die Golfküste von der burmesischen Grenze. Es ist ein beschau-

liches, ländliches Thailand, das sich hier vorfindet. Während im Hinterland Ananasplantagen dominieren, wird die Küstenlinie von Fischerdörfern geprägt.

So ist die Hauptattraktion des verschlafenen Provinzhauptstädtchens auch nicht die lang geschwungene Bucht mit ihrem Sandstrand, sondern der Fischereihafen. Jeden Morgen entlädt hier eine ganze Flotte kleiner Fischkutter ihren nächtlichen Fang. An langen, hölzernen Piers wird der frische Fang direkt auf Lastwagen umgeladen, um schnellstmöglich zu den Großmärkten verfrachtet zu werden. Das auffälligste Wahrzeichen der Stadt ist ein kleiner Hügel am Strand. Über 390 Stufen ist auf seinem Buckel ein buddhistisches Heiligtum zu erreichen. Wie so oft werden auch hier die Bäume am Aufstieg von Horden vorwitziger Affen bevölkert, die versuchen, den Besuchern etwas Essbares abzuluchsen.

Ko Chang – die Elefanteninsel

Weit im Nordosten, und doch nur eine halbe Tagesreise von Bangkok entfernt liegt die Provinz Trat. Der Archipel um Ko Chang liegt dicht an der Grenze zu Kambodscha und diente in unruhigen Zeiten als Basis von Schmugglern und Piraten. Mit dem Ende des Terrors in Kambodscha kam der Frieden auch auf diese Inseln, die nun der Reihe nach erschlos-

sen werden. Nach den einfachen Unterkünften für Rucksackreisende werden nun auch luxuriöse Anlagen an Ko Changs Traumstränden errichtet, die sich an der Westseite der Insel unterhalb bewaldeter Berge befinden. Tropenwald gibt es noch reichlich auf Thailands zweitgrößter Insel, war sie doch lange Sperrgebiet und konnte sich so viel

von ihrer unberührten Natur bewahren. Es gibt sogar Überlegungen, Thailands überschüssige Elefanten auf der »Elefanteninsel« – so die Übersetzung – auszusetzen. Wasserfälle und steile Bergpfade locken jene Besucher, die mehr tun wollen, als nur am Strand die Seele baumeln zu lassen. Aber mal ehrlich – dafür ist es in den Tropen zu heiß. Es geht nichts über den Sundowner, den man sich direkt am Sandstrand genüsslich gönnt nach einem langen Tag des Nichtstuns, unterbrochen vielleicht nur von etwas Schwimmen und Beachvolleyball.

Pattaya – das andere Thailand

Eine ganz andere Klientel zieht es nach Pattaya. Die Ruhe am langen Strand wird hier sicher nicht gesucht. Ziel der meist allein reisenden Männer sind Bars mit eindeutigem Angebot. Die Barmädchen warten auf einen Boyfriend, einen zahlungskräftigen Freund für ein, zwei oder drei Wochen – oder mit viel Glück für das ganze Leben. Doch meistens geht es nur um ein kurzes Vergnügen.

Im lauten Trubel der Nachtmärkte, wo sich offene Bars mit umlaufenden Tresen um die Zapfhähne gruppieren, drängt das Publikum zum Bier. Zur Unterhaltung der Gäste treten Dragqueens auf den allgegenwärtigen Bühnen auf. Kunstvoll dargeboten werden diese Shows der »Ladyboys« in großen Theatern wie dem Alcazar. Jeden Abend werden Reisegruppen von weit her in unzähligen Reisebussen zu den sauber aufgearbeiteten, ästhetischen Spektakeln herangekarrt, denen so kaum mehr als ein leichter Hauch des Verruchten anhaftet.

Links: Einfach, aber romantisch: Treehouse Lodge auf Ko Chang.
Rechts: Ein lauer Sommerabend auf Ko Chang.

Die Andamanenküste

Bizarre Kalksteinfelsen ragen über feinsten Sandstränden auf. Durch dunkle, gewundene Höhlen und Tunnel lassen sich verborgene Lagunen im Inneren dieser Karstfelsen erkunden. Thailands Andamanenküste gehört zu den spektakulärsten Küstenregionen der Welt. Sie bietet atemberaubende Ansichten, Tauchplätze von Weltklasse, jede Menge paradiesische Inseln, Top-Hotels und kleine Strandhütten, kurz alles, was das Urlauberherz begehrt. Auch wenn die feinsandigen Strände, die selbst zur Hauptsaison kaum irgendwo überlaufen sind, locken, wäre es doch ein Fehler, die unglaubliche Inselwelt vor der Küste nicht zu erkunden!

Oben: Manch entlegener Strand auf den Inseln in der Andamanensee ist nur mit dem Boot zu erreichen. Mitte: Weit abgelegen ist Ko Lipe im Tarutao-Archipel im äußersten Südwesten Thailands. – Unten: Thai-Ingwer.

Phuket

Die Andamanenküste

Die schönsten Strände der Welt

Phuket – Ao Phang Nga – Khao Lak –
Ko Surin – Krabi – Ao Nang – Ko Phi Phi –
Ko Lanta – Tarutao-Marine-Nationalpark

*Es ist der 26.12.2004, 7.58 Uhr Orts-
zeit. Tief unter dem Meer vor Sumatra, den Nikobaren und Andamanen
entlang der Indischen und Eurasischen
Platte hebt sich schlagartig der Boden
auf einer Länge von rund 500 Kilometern um 10 bis 30 Meter an.
Durch die plötzliche Anhebung wer-*

*den gigantische Wassermassen verdrängt und in Bewegung gesetzt.
Flutwellen rasen über den Indischen Ozean auf alle Küsten westlich und
östlich der Bruchzone zu. Nach kaum mehr als 20 Minuten erreichen
die Wellen den Norden Sumatras, wo sie in Aceh auf eine kaum durch
Riffe geschützte, flache Küste treffen. 130 000 bis 170 000 Todesopfer
kostet das Seebeben alleine auf Sumatra. Kurze Zeit später erreicht der
Tsunami die Küste Thailands, wo die Menschen, immer noch ahnungs-*

los, das sich weit zurückziehende Meer bestaunen – um dann von den ungeheuren Wellen in den Tod gerissen zu werden. Selbst Stunden später trifft die Welle die Einwohner Sri Lankas und Indiens unvorbereitet. Wie viele Tote insgesamt zu beklagen sind, wird nie zu ermitteln sein. Zu viele der Opfer waren arme Fischer – Menschen, für die sich die Behörden vor und nach der Katastrophe kaum interessierten.

Die offiziellen Zahlen für Thailand, die bereits wenige Tage nach der Katastrophe veröffentlicht wurden, sprechen von etwa 5300 Toten. Doch die thailändische Regierung macht nicht den Eindruck, als wäre sie in irgendeiner Weise an einer korrekten Zählung interessiert. Allein in der am schlimmsten getroffenen Region zwischen Khao Lak und Takua Pa sprechen die Einheimische von deutlich mehr als 10 000 Toten. Welche Insel, welcher Küstenabschnitt wie stark betroffen wurde, schwankte extrem, je nach den örtlichen Gegebenheiten. Ob ein Strand

Links: Strandrestaurant am Hat Surin auf Phuket. Phuket wartet mit vielen kleinen, ruhigen Buchten auf. – Rechts: Eine der Traumbuchten auf den Ko-Phi-Phi-Inseln.

flach oder steil ansteigt, ob es ein schützendes Riff gibt, in welche Richtung eine Bucht ausgerichtet ist – all das sind Faktoren, die für die Höhe der Flutwelle entscheidend sind. So wurde etwa auf Phuket der Kamala Beach heftig getroffen, der nur wenige Kilometer entfernte Surin Beach aber kaum, Ko Phi Phis Hauptstrände mit ihren Bungalowanlagen wurden komplett zerstört – während es im rund 40 Kilometer entfernten Krabi kaum Schäden gab.

Der Tsunami – lange vergessen

Doch ganz gleich, wie heftig die Zerstörung war: Wer heute in die Region fährt, wird vor Ort nur bei intensiver Suche auf Zeichen des Tsunamis stoßen. Dort, wo Anlagen zerstört wurden, stehen neue. Niemand, weder Einheimische noch Gäste, scheinen an den Tsunami erinnert werden zu wollen. Nur unscheinbare Schilder, die den Evakuierungsweg für den Katastrophenfall weisen, erinnern an das Unglück. Ansonsten verlässt man sich darauf, dass die nächste Flutwelle nach statistischer Wahrscheinlichkeit weit entfernt ist und auf das – mit deutscher Hilfe installierte – Frühwarnsystem.

Phuket

Anflug auf Phuket: Unter den Tragflächen mäandern Flüsse durch dichten Wald, bevor sich ihre schlammigen Fluten ins Meer ergießen. Kalksteinfelsen recken sich in den Himmel, durchbrechen erst den Wald, dann einige Kilometer weiter, wo das Land im Meer versinkt, den Meeresspiegel. Zig Felsen bilden die berühmte Kulisse in der Bucht von Phang Nga, die vor langer Zeit einmal Schauplatz für einen James-Bond-Streifen war. Der nächste Blick zeigt die schmale, nur wenige hundert Meter breite und von einer Brücke überspannte Meerenge, die

Links: Voll erblühter Lotos. – Rechts: Phuket-Stadt ist aus seinem Dornröschenschlaf erwacht. Unbedingt sehenswert ist der typisch asiatische Markt.

Phuket vom Festland trennt. Anschließend dreht das Flugzeug über dem Meer bei und landet danach auf der bis an den Rand der Insel gebauten Betonpiste, die groß genug ist, um auch Fernfliegern eine Landemöglichkeit zu bieten.

Wenige Kilometer weiter wird man am endlosen Nai-Yang-Strand nur noch gelegentlich durch das Donnern der Maschinen an den Flughafen und den damit verbundenen Anschluss an die Außenwelt erinnert. Idyllisch reihen sich Strandrestaurants unter den Schatten spendenden Kasuarinen am Meer aneinander; weit breitet sich die türkisfarben unter dem blauen Himmel liegende Andamanensee aus. Es ist Weihnachten, Hauptsaison, aber am zehn Kilometer langen Strand ist kaum ein Mensch: Wegen der Schildkröten, die hier zwischen November und Februar ihre Eier im feinen Sand vergraben, wurde die Erschließung gestoppt und ein Meeresnationalpark eingerichtet.

Südlich an den Strand schließt eine bewaldete, hügelige Halbinsel an, danach folgt der ruhige Strand Nai Thon in einer kleinen Bucht, dann

wieder Berge und Wald, bevor sich eine große, fast leere Bucht öffnet: Ist das ein von Millionen Urlaubern besuchtes Reiseziel? Ja, aber Phuket ist mit seinen 810 Quadratkilometer Fläche die mit weitem Abstand größte Insel Thailands – so groß, dass sie eine eigene Provinz bildet: die reichste Thailands. Da findet man immer noch schöne, versteckte Ecken, und auch die meisten anderen Strände sind in der Hauptsaison weit entfernt davon, den Massengrillplätzen an der Adria zu gleichen. Billige Unterkünfte und unerschlossene Badeplätze sucht man auf Phuket allerdings vergebens: Bucht für Bucht sind die schönsten Flecken von weitläufigen Hotelanlagen meist der gehobenen Kategorie belegt. Vor der Tür und jenseits der Gartenanlagen und Pools lockt kristallklares Meerwasser.

Abenteuer unerwünscht? Die schöne tropische Umgebung und gepflegte Hotels reichen fürs Glück? Dann ist man auf Phuket gerade richtig. Und wenn das Hotel nicht ausgerechnet in Patong steht, wo sich Herberge an Herberge, Disco an Nachtclub, Bars und Restaurants aneinanderreihen und fliegende Händler sowie lärmende Motorboote und Wasserscooter

am und vor dem drei Kilometer langen Sandstrand drängen, dann kann man auf Phuket
auch bestens entspannen.

Phuket-Stadt

Wenn dem Ruhebedürfnis Genüge getan ist,
kann man auch mal einen Ausflug nach
Phuket-Stadt wagen. Die Altstadt, die beinahe
den üblichen Betonklötzen zum Opfer gefallen wäre, wird mehr und mehr aufpoliert. Die
Straßen mit ihren Arkadengängen erinnern ein wenig an den sino-por-
tugiesischen Stil Penangs oder Malakkas. Aus Malaysia wurde der Stil
auch importiert. Hier wie dort drängen sich in den Gassen chinesische
Läden mit ihrem bunten Angebot an Waren. An zahlreichen Gebäuden
weisen chinesische Schriftzeichen auf die Herkunft ihrer Besitzer hin.
Rund um die Thalang-Straße liegt das Zentrum der kleinen Chinatown.
Doch immer mehr dieser Läden werden umgewandelt in edle Restaurants, in denen es sich hervorragend thailändisch, chinesisch oder italienisch speisen lässt. Am Rande von Chinatown stehen die prächtigen
Villen der früheren Zinnbarone. Dem Abbau von Zinn und dem Anbau
von Gummibäumen verdankten ihre Besitzer ihren Reichtum. Der
Wohlstand ist Phuket erhalten geblieben. Die Größe der bergigen Insel
und die Nähe zum Festland – nur eine schmale Meerenge trennt Phuket
von der Provinz Phang Nga – bringt auch mit sich, dass bereits vor dem
eigentlichen Beginn der Regenzeit verstärkt Wolken an den Bergen hängen bleiben. Während in der Provinz Krabi die Gärtner und Bauern im
April auf Regen warten, entladen sich über den Provinzen Phuket und
Phang Nga bereits häufig heftige Gewitter.

Songkran in Patong

Happy New Year! Schreie, Quietschen in den höchsten Tonlagen begleiten jede Ladung Wasser, die auf unseren Pick-up prasselt. 13. April. Die

*Links: Simons Cabaret bietet eine perfekte Travestieshow. – Rechts: Der Uhrturm in der
Phuket Road in Phuket-Stadt ist ein kleines Kunstwerk für sich.*

Thailänder feiern Songkran, ihr neues Jahr, feiern den heranziehenden Monsun, der die Fruchtbarkeit der Felder sichert, feiern dies mit Wasserladungen, die jeden Versuch aussichtslos machen, trockenen Fußes irgendwohin zu gelangen.

Also stürze ich mich mitten hinein, sitze mit der Belegschaft meines Hotels auf einem Pick-up, um nach Patong zu fahren, wo das Treiben am ausgelassensten ist. Alle Thai auf der Ladefläche quietschen in höchsten Tönen. Egal, ob Wasser herunterprasselt oder ein Bekannter in Sicht ist, die Jungs und Mädchen quietschen zwei Oktaven höher, als es mir möglich ist. In Kamala wartet die erste Gruppe neben den Wasserfässern auf uns. Anders als erwartet steuert unser Fahrer auf die Gruppe zu und hält vor ihr an, zum Zwecke des besseren Austauschs von Neujahrsgrüßen – was dafür sorgt, dass ab jetzt kein trockener Faden mehr an meinem Körper zu finden ist. Ein paar Meter weiter stoppen wir wieder. Zwei aus der Belegschaft verschwinden und kehren mit zwei großen Eisblöcken wieder, die in unseren beiden Wasserfässern verschwinden. Klar, warmes Wasser an einem warmen Tag bringt nicht viel Aufregung. Spannend wird es, wenn man nicht weiß, welche Temperatur das Nass hat, das da gerade auf einen zukommt. Nach einer Ladung Eiswasser freue ich mich regelrecht über die nächste Dusche aus einem Gartenschlauch.

In Patong verdichtet sich der Verkehr, im Schritttempo geht es durch die Straßen. Von allen Seiten wird gespritzt, was die Behälter hergeben. Vom Gehsteig, aus den Bars, aus den anderen Fahrzeugen, von überallher kommt das Wasser. Am schönsten ist es, den Motorradfahrern im Vorbeifahren eine Ladung Eiswasser ins Genick laufen zu lassen. Bis wir in die Stadtmitte kommen, sind unsere Behälter leer. Ich verlasse den Pick-up, um durch das Herz Patongs, die Soi Bangla, zu laufen. Dort drängt

Links: Die massiv wirkenden Inseln sind von Höhlen und versteckten Lagunen durchzogen. – Rechts: Unter Wasser bietet sich ein verschwenderisches Bild.

sich Bar an Bar. Selbst in den Bierschwemmen ist alles nass und alles, was darunter leiden würde, mit Plastikplanen abgeklebt. Touristen wie Thai ziehen leicht bekleidet mit Wasserspritzen, wahren Pumpguns, durch die Straßen. Wenn ein Thaimädchen lächelnd vor mir stehen bleibt, kann ich mir sicher sein, dass mich unterhalb der Gürtellinie ein Strahl Eiswasser trifft. Am Ende der Straße wartet das Meer, angenehm warm nach dem vielen Eiswasser.

Ao Phang Nga: Felsen und verborgene Lagunen

Gegen 13 Uhr legt das Boot von Ao Po im Nordosten Phukets ab. Neben mir sind noch etwa 20 Touristen an Bord. Ziel ist die Bucht von Phang Nga mit ihren unglaublichen Karstfelsen und Hongs. Nicht nur, dass diese Kalksteinfelsen bizarr aus dem Meer ragen, in ihrem Inneren finden sich auch noch verborgene Lagunen, die nur beim richtigen Wasserstand durch lange Höhlen mit dem Kanu erreichbar sind. Es ist eine bizarr-verrückte Welt, die sich hier auftut, im Lauf von Jahrmil-

Links: Nervenkitzel beim Paddeln unter den Felsen. – Rechts: Ein Puderquastenstrauch.

lionen von der Erosion geschaffen.
Bevor man sie gesehen hat, ist man
geneigt, die Höhlen und Lagunen, die
Alex Garland in seinem Bestseller *The
Beach* beschreibt, für Erscheinungen
seiner Fantasie zu halten. Doch was
von außen aussieht wie ein solider
Felsklotz, ist in der Regel ein Gewirr
aufgefalteter Grate, zwischen denen
sich Lagunen und Schluchten befinden – nur zugänglich für
Vögel oder durch bis zu 100 Meter lange dunkle Höhlengänge, die sich
gewunden durch den Fels ziehen. Im Schein einer Taschenlampe steuert
mich Nat, mein Führer auf dem Seekajak, durch die Tunnel, die ängst-
liche Seelen auch als Zugang zum Hades deuten könnten – insbesondere
dort, wo streng riechende Fledermauskolonien von der Decke hängen.
Viele der Höhlen sind nur kurze Zeit passierbar. Ist das Wasser zu niedrig, bleibt man im tiefen Schlick an ihrem Grund hängen; ist das Wasser
zu hoch, füllt es die Tunnel mancherorts bis zur Decke. Vor allem die
Einfahrt in den Hong am Ende der Tunnel ist immer wieder so niedrig,
dass man sich auch bei optimalem Wasserstand flach ins Boot legen
muss, um passieren zu können. Ist man ans Tageslicht zurückgekehrt,
umgibt einen eine verborgene Welt mit steilen karstigen Felswänden,
die nur vereinzelten Bäumen Halt bieten. Im flachen, schlammigen
Grund haben sich Mangroven mit ihren Hunderten von Wurzeln auf-
gespreizt, gelegentlich sind Vögel zu beobachten und mit etwas Glück
auch mal Affen zu sehen. Ansonsten ist es eine seltsame, in sich selbst
ruhende Welt.

In der Provinz Phang Nga

Die spektakuläre Bucht von Phang Nga gehört zum absoluten Pflicht-
programm jedes Phuket-Reisenden. Darüber hinaus glänzt die Provinz
auch mit den Stränden Khao Laks und den Tauchparadiesen der Similans und Ko Surins. In der Tat ist die Provinz so abwechslungsreich, dass
für die Provinzhauptstadt kaum ein Blick übrig bleibt. Baulich gesehen
mag das auch korrekt sein. Doch die Lage der Stadt zwischen hohen

Kalksteinfelsen ist atemberaubend. Die Spuren der Erosion zeugen davon, dass auch diese Region vor kurzer Zeit, geologisch gesehen, unter dem Meeresspiegel lag. Außer dem Pier, von dem täglich eine Flotte von Ausflugsbooten in die Bucht ablegt, ist vor allem das Kloster Wat Suhan Kuha einen Besuch wert.

Hinter dem Kloster öffnet sich eine Höhle in einem der ortsüblichen Kalksteinfelsen. Durch einen Bogen betritt man die Tham Yai, die große Höhle, in der sich neben einem etwa 15 Meter langen liegenden Buddha noch weitere Buddhas befinden. Eine Treppe am Ende der Höhle führt durch den Hinterausgang zu einer weiteren, durch ihre Höhe beeindruckenden Tropfsteinhöhle.

Ein paar Kilometer weiter entlang des Sträßchens, an dem das Kloster liegt, erreicht man den Raman Forest Park mit seinem Wasserfall in zauberhafter Landschaft.

Khao Lak

Die Küste nördlich von Phuket war am schlimmsten vom Tsunami betroffen. Doch selbst in Khao Lak wurden nicht alle Anlagen zerstört. Die am Südende gelegenen Resorts stehen geschützt auf einem Hang, und auch die Ortschaft befindet sich einige Meter höher und abseits des Strandes, außerhalb der Reichweite der Flutwelle vom Dezember 2004. Heute deutet kaum noch etwas darauf hin. Khao Lak ist zum Alltag zurückgekehrt. Die Touristen, vor allem aus dem deutschsprachigen Raum, sind wieder da, um die langen Sandstrände zu genießen oder von hier Tauch- und Schnorcheltouren zu den Similans und nach Ko Surin zu machen. Beide Inselgruppen, etwa 60 Kilometer vor der Küste gelegen, sind herausragende Tauchziele und von Khao Lak in Tagestrips zu erreichen. Etliche Tauchschulen, oft mit deutschen Tauchlehrern, werben um Kundschaft.

Links: Mit dem Seekanu durch die Bucht von Phang Nga.
Rechts: Gewitterstimmung in Khao Lak.

Ko Surin

Gegen neun Uhr legt das Speedboot in Khuraburi ab. In eineinhalb Stunden rauscht das Boot mit knapp 20 Schnorchlern an Bord über das Meer. Ich bin der Einzige, der mehr als eine Tagestour geplant hat. Gegen elf Uhr macht das Boot an einer Boje fest, alle bekommen Maske, Schnorchel und Flossen und werden ins Meer entlassen. Dort können Taucher mit Walhaien und Mantas durch das Meer gleiten. Für uns Schnorchler bleiben die Korallen im meist kristallklaren Wasser und die kleinen Fische.

Oase der Ruhe

Zu schätzen weiß ich die Ruhe, die einkehrt, als ich um 15 Uhr am Hauptquartier des Nationalparks abgesetzt werde. Alle Boote machen sich auf den Rückweg nach Khuraburi, kaum eine Menschenseele findet sich im großzügigen Restaurant. Nur Wolfgang, ein Wiener, schwärmt mir mit glasigem Blick von seinen Taucherlebnissen vor. Letztes Jahr habe er hier das Tauchen gelernt, sei statt vier Tagen drei Wochen geblieben, sei täglich mit Mantas geschwommen. Das wolle er wieder erleben.

Doch dieses Jahr seien die Mantas nicht hier, dafür habe er die seltene Gelegenheit gehabt, mit einem Wal zu tauchen. Er ist high, ganz ohne Drogen, high vom Tauchen, von den Erlebnissen, die so ganz anders sind als alles, was man daheim erleben kann. Abdun ist hier für mich zuständig. Da ich eine Ein-Mann-Gruppe bin, hat er viel Zeit, sich um mich zu kümmern. Nach Songkran geht Mitte April die Saison zu Ende, auch die Thai, die zu Songkran in Scharen herkommen, reisen ab. Die zahlreichen Zelte am Hauptquartier sind fast alle leer. Er weist mir mein Zelt zu. Ich bekomme eine ca. drei Millimeter dicke Schlafmatte, bei deren Anblick ich meine nächtlichen Kreuzschmerzen antizipieren kann. Dazu gibt es einen Schlafsack – in der Hitze des Aprils das Überflüssigste, das ich mir vorstellen kann. Nein, ein Laken gibt es nicht! Dafür ist das Abendessen unglaublich reichhaltig. Im Restaurant gibt es ein Set-Menü für zwei Personen, das auch zu zweit kaum zu bewältigen wäre.

Besuch bei den Chao Leh

Am nächsten Morgen besuche ich mit Abdun das Dorf der Chao Leh, der Seenomaden, die auf der Nachbarinsel leben. Es gibt leichte Start-

probleme. Unser Kapitän kann den Motor seines Longtailbootes nicht in Gang setzen. Für mich klingt es so, als wären die Batterien leer. Vielleicht ist dem Käpt'n ein Passagier schlicht zu wenig. Abdun schnappt sich kurz entschlossen ein kleineres Boot, und so tuckern

wir mit stotterndem Motor hinüber zum Dorf der Seenomaden. Das Dorf wurde nach dem Tsunami neu errichtet. Die Flutwellen haben das alte Stelzendorf zerstört und vor allem Kinder, Frauen und Alte in den Tod gerissen. 196 Menschen sind der Welle zum Opfer gefallen, davon nur 41 Männer. Mittlerweile wirkt das Leben wieder idyllisch, als wäre nie etwas gewesen. Männer schnitzen traditionelle Boote im Schatten der Häuser, die als Souvenirs an Touristen verkauft werden. Vor dem Dorf am Strand sind sie nicht mehr zu sehen. Fischfang? Nein, heute leben die Familien davon, dass die Männer als Bootsführer für die Touristen arbeiten. Oder Souvenirs herstellen. Die Kleidung stammt aus Spenden, die nach der Flutkatastrophe gesammelt wurden und die es auch heute noch für die Chao Leh gibt. Ansonsten bleibt viel Zeit für die Kinder, zum entspannten Beisammensitzen unter den Häusern. Eine perfekte Idylle?

Krabi

Es war einmal: »Fische habe ich noch keine im flachen Wasser gesehen. Dennoch zappeln schon welche in dem Netz, das meine Begleiter Sharong und Bun Tong durch das flache kristallklare Wasser in der leuchtend grünen Bucht ziehen. Unglaublich schön glänzen sie in der Sonne, silbern bis metallisch blau wie lang gezogene Pfeile, der ganze Körper ein einziger Muskel und viel zu schnell, als dass ich sie beim Schwimmen entdecken könnte. Gelegentlich durchbrechen sie die Wasseroberfläche und jagen schräg in der Luft über das Wasser.

Links: Der Strand Hat Tham Phra Nang gehört zu den spektakulärsten der Welt.
Rechts: Hummer am Strand im Rayavadee.

Von vorbeituckernden Fischern werden noch Krebse und kleine Rochen erstanden: Fertig ist der Speiseplan. Blitzschnell brutzeln die Fische über etwas zusammengetragenem Holz. Und wie das schmeckt! Ein paar Sandkörner am Fisch unterstreichen förmlich die Stimmung in dieser atemberaubenden Umgebung: Rechts ein hoher Karstfelsen, hinter uns dichter Dschungel, aus dem weitere Felsen emporwachsen, und links ist der Strand ebenfalls durch Felsen abgeriegelt, in denen eine Höhle mit einem Tempelchen liegt. Der Legende nach verlor hier die indische Prinzessin Si Kunlathewi bei einem Sturm ihr Leben. Ihr mächtiger Geist ließ sich in einer nahe am Wrack gelegenen Höhle nieder, und wer hierherkommt, um der Prinzessin Respekt zu erweisen, dem werden Wünsche erfüllt. Weil der rechte Glaube beim Wünschen noch immer geholfen hat, haben die Fischer der Umgebung hölzerne Phalli errichtet und bringen der ›Heiligen Prinzessin‹, Phra Nang, Opfer. Kein Wunder, dass es mit dem Fischen so gut klappt. Vor uns liegt nun ein weiterer, riesig emporragender Karstfelsen. Weit und breit ist kein Mensch zu sehen, auch kein Zugang zu diesem versteckten Paradies. Nur wir und unsere Begleiter mit dem Boot vom Krabi Beach Resort, dem einzigen Hotel an der Küste …«

1983 habe ich diesen Text in mein Reisetagebuch geschrieben. Als ich viele Jahre später das erste Mal wiederkomme, glaube ich meinen Augen nicht trauen zu dürfen: Am Ao Nang Beach, wo ehemals nur ein einziges Hotel zu finden war und wohin sich nur wenige Touristen verirrten, steht mittlerweile eine ausgedehnte Ortschaft. Dort, wo sich einst Palmen über den Strand beugten, verläuft jetzt die Uferstraße.

Der Strand der Prinzessin

Anders sieht es dagegen am Tham-Phra-Nang-Strand aus. Diese Kulisse ist einfach nicht zu verwechseln, aber Einsamkeit sucht man inzwischen

Links: Wegen der Karstfelsen ist die Halbinsel nur per Boot zu erreichen.
Rechts: Blick über die »Badewanne« auf Ko Phi Phi.

auch hier vergebens. In der Saison zwischen Dezember und April drängen sich die Boote und Tagesbesucher am Strand. Dahinter, wo einst der Dschungel war, liegt heute das luxuriöse Rayavadee Resort in einem weitläufigen Tropengarten mit traumhaft gelegenen Restaurants am schönsten Strand Thailands. Selbst die Prinzessin musste umziehen in eine kleinere Nachbarhöhle: Ihre geräumige Unterkunft ist eingestürzt …

Inzwischen ist jedes Fleckchen an den vier immer noch traumhaft schönen Stränden, die sich rund um die Felsen ins Meer schieben, mit Unterkünften besetzt. Krabi hat sich zum Mekka der Kletterer in Thailand entwickelt: Fast 500 Kletterrouten sind in den steilen, teils überhängenden Felsen schon begangen worden; die meisten davon im mittleren bis hohen Schwierigkeitsbereich. Kletteranfänger können sich in einer der Kletterschulen instruieren lassen, wo auch das nötige Equipment zur Verfügung steht. Und wenn man dann lange genug in der Wand geschwitzt hat, kann man sich fast direkt ins Wasser fallen lassen und die heißeste Zeit des Tages beim Schnorcheln verbringen. Oder man geht

zum Tauchen, erkundet mit dem Seekajak die Klippen oder döst einfach nur am Strand vor sich hin.

Ko Phi Phi

Ko Phi Phi Don und Leh liegen nur etwa 40 Kilometer vor der Küste Krabis und gehören wie Ko Lanta zur Provinz Krabi. Mit ihren von tropischem Grün überzogenen Karstfelsen und traumhaften Buchten sind die Phi Phis eine der der schönsten Inselgruppen der Welt.

Der legendäre Strand in Alex Garlands Bestseller *The Beach* liegt zwar bei Ko Samui, der Film wurde aber auf Phi Phi Leh gedreht – was schon fast alles sagt. Die Kulisse ist ein wahrer Traum, steile Felswände ragen aus dem Meer und rahmen feinsandige Strände ein, ein tropisch grüner Pflanzenüberzug verwandelt die felsigen Inseln in ein Tropenparadies, und unter Wasser tummelt sich um die Korallenriffe ein reichhaltiges Meeresleben. Der einzige Haken dabei ist: Alle wollen hin, und der Platz für Hotels ist begrenzt. Kurz nach Weihnachten ist die Insel regelmäßig

bis auf das letzte Bett besetzt. Es ist ein Genuss, nur am Strand zu liegen und den Blick über die Buchten schweifen zu lassen – ganz zu schweigen vom Erlebnis einer Bootsfahrt hinüber zu den Lagunen von Phi Phi Leh. Doch anders als die Strände am Festland war

Phi Phi Don vom Tsunami extrem schwer betroffen. Mit voller Wucht liefen die Wellen in die flache Bucht und überrollten die dort liegenden Strandanlagen völlig. Im Gegensatz zu anderen Orten wurden die zerstörten Anlagen hier nicht wieder errichtet. Nun schieben sich die Resorts weiter die Hänge hoch und an die in der Bucht weiter außen liegenden Strände, wo die Welle nicht die volle Zerstörungskraft entfaltete. Die dort gelegenen Resorts konnten die Schäden schnell beheben, neue Hotels wurden errichtet, sodass es mittlerweile mehr Unterkünfte gibt als vor der Katastrophe.

Auch Tonsai Village wurde nur beschädigt, keineswegs zerstört, wie oft zu lesen war. Längst drängen sich dort wieder die Massen durch die engen Gassen, in denen sich wohl die höchste Dichte an Internetcafés in ganz Thailand findet. Der Trubel dort ist sicher nicht jedermanns Geschmack. Tagsüber rauschen ganze Flotten mit Tagesausflüglern von Phuket und Krabi in die Bucht zur Anlegestelle, von wo sich die Scharen ins Dorf ergießen, in Restaurants, Galerien, Souvenirgeschäfte. Doch bis 15 Uhr ist der Spuk vorbei, haben die Fähren wieder abgelegt, räkelt man sich am Strand und wartet in der milden Brise auf den Abend, um einen frisch gefangenen Fisch zu sich zu nehmen.

Ko Lanta

Ko Lanta galt lange als Paradies für Rucksackreisende, ein bisschen langweilig, aber ruhig und billig. Doch die Zeiten haben sich auch hier ge-

Links: Schieren Luxus unter Palmen bietet das »Rayavadee« am Phra-Nang-Strand in Krabi. – Rechts: Bootsanleger auf Ko Phi Phi.

ändert. An den Stränden Ko Lantas drängen sich nun ebenso die Resorts, die die Billigunterkünfte in die zweite Reihe verdrängt haben. Auch in Ko Lanta profitieren die neuen Hotels vom Flughafen in Krabi, der die Insel von Bangkok aus schnell erreichbar gemacht hat. Um einsame Strände zu finden, muss man schon weit in den Süden der Insel fahren, wo man, jenseits der ebenso großen wie edlen Anlage des Pimalai Resorts, auf ein paar unerschlossene Strandabschnitte stößt. Gleich hinter den weitläufig verteilten Bungalows der Anlage liegt das idyllische Restaurant Same Same But Different an der traumhaften Kantiang-Bucht. Hier ist es wieder, dieses Gefühl der Ruhe und Entspannung, wenn die Zehen im Sand spielen, während leckeres Thaiessen auf dem Bambustisch steht und der Blick an Kaffee und Lektüre vorbei über den leeren Strand schweift.

Wer Bars und Nachtleben sucht, der ist am Hat Phrae Ae am besten aufgehoben. Dort dröhnen die neuesten Hits aus den Lautsprechern, drängen sich die billigeren Unterkünfte an einem nicht besonders beeindruckenden Sandstrand. Doch schöner werden die Strände gen Süden ab Hat Klong Nin, wo sich die grünen Berghänge bis zur Küste ziehen und sich sandige Buchten öffnen.

Natur pur

Gänzlich ruhig zeigt sich die Ostküste Ko Lantas, wo Ban Si Raya liegt, die ehemalige Hauptstadt der Insel. Hier findet sich ein Pier, an dem Fischerboote wie Ausflugsschiffe zu den Inseln des Ko-Lanta-Marine-Nationalparks im Süden der Insel ablegen. 15 Inseln liegen ins Meer gesprenkelt, traumhaft umgeben von feinsandigen Stränden und Korallenriffe. Doch nicht nur eine Schnorcheltour zu einsamen Inseln bietet Abwechslung. Wer sich gerne als Höhlenforscher betätigt, sollte sich die Tham Khao Mai Kaew im Zentrum der Insel nicht entgehen lassen.

Links: Traumhotels an wunderschönen Stränden wie das Pimalai auf Ko Lanta laden zum Entspannen ein. – Rechts: Buddhistische Hochzeitszeremonie am Strand des Pimalai.

Jenseits einer unauffälligen Öffnung im Fels wartet ein ganzes Höhlen-labyrinth mit großen Hallen, engen Durchlässen und einem See.
Wenn man die schöne Wanderung durch den Dschungel scheut, kann man sich auch ganz bequem auf dem Rücken eines Elefanten dorthin schaukeln lassen. Ein ähnliches Vergnügen hoch auf einem der riesigen Dickhäuter bietet sich weiter im Süden: Vom Klong Jak Beach führt der Weg durch den Dschungel zu versteckten Wasserfällen.

Thailands tiefer Süden

In den Provinzen Trang und Satun liegen die neuesten Traumziele Thai-lands, einsame Inselchen, die der Massentourismus noch (!) nicht einge-holt hat. Doch wer wirklich abgelegene Inseln sucht, der muss weiter fahren in die Weiten des Malaiischen Archipels, wo Indonesien mit sei-nen unzähligen Inseln noch Raum für Abenteuer bietet. In Thailand gibt es nur das kleine Abenteuer: die Bungalowanlage ohne Klimaanlage auf einer Insel, die nur einmal täglich von einer Fähre angesteuert wird. Dafür aber viele unglaublich schöne Inseln und davon die meisten in der Andamanensee, wie etwa Ko Ngai oder Ko Muk vor der Küste von

Trang. Während es auf Ko Ngai nur die ortsüblichen Highlights wie feinen Sandstrand und Korallenriffe im kristallklaren Wasser gibt, glänzt Ko Muk auch noch mit der Smaragdhöhle, einem Kalksteintunnel, an dessen Ende sich eine smaragdfarbene Lagune befindet.

Im Tarutao-Marine-Nationalpark

Unmittelbar an der Grenze zu Malaysia in der Provinz Satun liegt der Ko-Tarutao-Marine-Nationalpark mit seinen weitgehend unberührten Inseln. Wer wirklich Inseln abseits der Touristenrouten erleben möchte, der kann in den Unterkünften der Nationalparkverwaltung auf Tarutao oder Adang nächtigen und von dort aus Ausflüge in die weitgehend unberührte Natur unternehmen.

Zum Charme der Inseln trägt nicht zuletzt ihre Geschichte bei. Bis ins 20. Jahrhundert war Ko Tarutao in erster Linie ein Stützpunkt von Piraten, die sich in den Buchten der gebirgigen Insel versteckt hielten. Zwischen 1939 und 1946 diente die Insel wegen ihrer Abgelegenheit und der Gefährdung durch Malaria als Gefangenenlager. Hunderte der »Insassen« gingen an der Malaria zugrunde, als während des Zweiten Weltkriegs auch noch die Versorgung vom Festland zusammenbrach. Im Süden der Insel sind immer noch die überwucherten Ruinen der einstigen Lagerbauten zu sehen. Doch die Mehrzahl der Parkbesucher nächtigt lieber auf Ko Lipe. Diese kleine Insel, die 80 Kilometer vor der Küste liegt, gehört als einzige nicht zum Nationalpark. Daher sind hier zahlreiche kleine Resorts entstanden, und auch einige Tauchschulen haben sich niedergelassen.

Die Atmosphäre auf der Insel ist ruhig, mehr als am Strand zu dösen oder gelegentlich einen Tauch- oder Schnorchelausflug zu den Inseln des Nationalparks zu unternehmen, gibt es hier nicht zu tun. Und wenn man dann vom Tauchboot vor dem kleinen felsigen Eiland Ko Sarang ins Meer springt, dann tut man das wirklich vor dem am weitesten südwestlich gelegenen Stückchen Thailand.

Links: Tropisches Tierleben unter Wasser. – Rechts: Elefanten gibt es auf Ko Lanta.

Kambodscha

Nach vielen bitteren Jahren des Leidens sind die Schatten der Vergangenheit weitgehend verdrängt. Mut zum Neuanfang gibt ein Blick in die Geschichte, als das Volk der Khmer einmalige Monumente erschuf. Angkor, so heißt heute nicht nur ein Bier in Kambodscha. Angkor steht auch für die Hoffnung und den Glauben eines Volkes an seine Möglichkeiten, an eine bessere Zukunft. An diese Zukunft glaubt vor allem die Jugend. Da die Mehrheit der Kambodschaner jünger als dreißig ist, hat sich Kambodscha in den letzten Jahren rasend schnell verändert.

Oben: An der Uferpromenade in Phnom Penh.
Mitte: Immer noch im Klammergriff der Wurzeln riesiger Wollbäume steckt der romantische Tempel Ta Prohm.
Unten: Gemüse und Fleisch gibt's auf dem Markt en masse.

Tonlé Sap

Kambodscha

Im Land der Khmer

Tonlé Sap – Phnom Penh – Siem Reap – Angkor

Wir schweben in einer Turbopropmaschine aus Bangkok ein. Es ist August, Regenzeit, aber der Himmel ist weitgehend wolkenlos; große Teile des Landes wirken trocken aus der Luft, nur entlang dem Mekong und Tonlé Sap herrscht »Land unter«. Die Wassermengen kommen mit dem Mekong aus dem Norden und provozieren ein einmaliges Phänomen: Der Tonlé Sap fließt rückwärts. Jedes Jahr wiederholt sich der Vorgang; dann füllt sich der riesige Binnensee am Tonlé Sap und vervielfacht seine Fläche. Vom Mekong hängt Kambodschas Wohlergehen ab: Er bringt Wasser zur Bewässerung der Felder und fruchtbaren Schlamm. Er hat das Land erst aus den Meeresfluten aufsteigen lassen und das Becken zwischen den Cadermon-Bergen und dem Rattanakiri-Plateau mit Schwemmsand aus den Bergen Tibets, aus Yunnan und Laos aufgefüllt. Nur der Tonlé Sap ist als Überbleibsel des Ozeanbeckens geblieben.

Rund 550 Kilometer sind es von der Mündung des Mekong bis zur Stadt Kratie; bis dorthin ist der Mekong ganzjährig schiffbar. Im frucht-

baren Becken des Mekong lebt eines der ältesten Kulturvölker der Region: Die Khmer siedelten schon lange vor den Thai in den Ebenen zwischen Menam und Mekong. Von den Thai wurden sie ebenso aus den heute thailändischen Ebenen vertrieben wie von den Vietnamesen aus dem ehemals dünn besiedelten Mekongdelta, das von alters her zu den Königreichen der Khmer gehörte. 90 Prozent der Bevölkerung sind Khmer, die restlichen zehn Prozent verteilen sich auf Chinesen, muslimische Cham, Vietnamesen und einige Bergvölker. Die größte Minderheit bilden mit rund fünf Prozent Bevölkerungsanteil die ungeliebten Vietnamesen, deren Vorfahren zum Teil seit Jahrhunderten in Kambodscha lebten und als »yuon«, als Barbaren aus dem Norden, bezeichnet wurden. Bestenfalls wurden sie toleriert, aber auch das nahm in den 1970er-Jahren ein Ende, als sie erst unter General Lon Nol und dann von den Roten Khmer in Pogromen verfolgt wurden. Nach dem Sturz Pol Pots durch Vietnam kamen wieder vermehrt Vietnamesen ins Land,

Links: Am Tonlé Sap wird der Schulweg mit dem Boot zurückgelegt.
Rechts: Der Königspalast in Phnom Penh ist die Hauptsehenswürdigkeit der Stadt.

die aber nach dem Abzug der vietnamesischen Truppen immer wieder Zielscheibe von Ausschreitungen waren.

Die Roten Khmer

Rund 181 000 Quadratkilometer groß ist Kambodscha. Fruchtbares Agrarland wird durchschnitten von Flüssen und Kanälen, gelegentlich gesprenkelt von Dörfern und kleinen Städten, die vom roten Band der Pisten verbunden sind. Links und rechts der Straßen liegt das Land in der Regenzeit an vielen Stellen unter Wasser; nur die Dörfer bilden kleine Inseln, und auch die Pisten enden im Wasser. Kambodscha war schon immer traditionell ein Agrarland, auch bevor Pol Pot und die Roten Khmer das Land in die Steinzeit zurückzuführen versuchten. Nach der Machtübernahme 1975 zerstörten sie alle zaghaften Ansätze der Industrialisierung und die Städte. Nach dem Einmarsch hatten die Einwohner einen Tag Zeit, Phnom Penh zu verlassen. Danach öffneten die Roten Khmer die Fluttore und überließen die Stadt der tropischen Vegetation.

Am Ende ihrer Herrschaft 1979 lebten in Phnom Penh 28 000 Einwohner – vor dem 17.4.1975 waren es noch 600 000 gewesen. Als die Menschen, die die Schreckensherrschaft überlebt hatten, zögernd zurückkehrten, war die Stadt in weiten Teilen unbewohnbar geworden. Ein unfassbar hoher Bevölkerungsanteil – geschätzte eine bis drei Millionen Menschen – fiel in nur vier Jahren dem Terror der Steinzeitkommunisten zum

Opfer; sie wurden ermordet oder mussten in Lagern verhungern.

Um zum Klassenfeind und damit dem Tod geweiht zu werden, genügte es, lesen und schreiben zu können, eine Brille zu tragen, Fremdsprachenkenntnisse zu haben oder sonst wie als Intellektueller zu gelten.

Vier Jahre dauerte die Schreckensherrschaft, dann marschierten im Jahr 1979 die Vietnamesen unter dem Protest der Weltöffentlichkeit in Kambodscha ein, um dem Morden ein Ende zu setzen. Im Machtkampf der Blöcke kam es zu absurden Koalitionen: Vietnam wurde von der UNO wegen des Einmarsches verurteilt, China führte eine Strafexpedition im Norden Vietnams durch, und die USA unterstützten ein Bündnis zwischen Prinz Sihanouk und den Roten Khmer.

Phnom Penh

Landeanflug auf Phnom Phen. Von der grausamen Vergangenheit ist noch nichts zu entdecken. Eine normale Großstadt scheint am Kreuz der vier Flüsse zu liegen, das der Mekong, der Tonlé Sap und der vom Mekong abzweigende Bassac hier bilden. Die Maschine kommt vor den kleinen Abfertigungshallen zum Stehen. Zu Fuß laufen die Passagiere über das Rollfeld zum Abfertigungsschalter. Alle Pässe landen auf einem Haufen und werden in undurchschaubarer Reihenfolge bearbeitet, während die Neuankömmlinge in dichter Traube den Schalter umstehen. Niemand weiß, wo er warten soll, was auszufüllen ist, wo sich sein Pass

Links: Malerarbeiten an Königspalast und Silberpagode in Phnom Penh.
Rechts: Ein Motorrad transportiert oft die ganze Familie.

gerade befindet und wann und wo man ihn zurückerhält. Gelegentlich hebt einer der Beamten ein falsch ausgefülltes Formular in die Höhe, in der vagen Hoffnung, der dazugehörige Einreisewillige würde es erkennen. Langsam wird zumindest klar, wo die Pässe wieder auftauchen: Ein Beamter ruft kaum verständlich die Namen der bereits abgefertigten Passagiere, die für 20 Dollar Pass und Visum erhalten. Ähnlich unkonventionell verläuft der erste Kontakt mit der kambodschanischen Bank: Wir wollen Geld wechseln – Dollar in Riel, die einheimische Währung. Doch die Frau am Schalter weigert sich, uns Riel zu geben. Was wir damit wollten, fragt sie, wir könnten doch alles in US-Dollar bezahlen. Schließlich wechselt sie einen Dollar-Scheck in bare Dollar, mehr ist hier nicht zu erreichen. So jedenfalls war es 1999. Mittlerweile läuft die Einreise problemlos, am Flughafen, wie auch an den Grenzübergängen zu den Nachbarländern Thailand, Laos und Vietnam. Doch der Dollar ist für Touristen immer noch die gängige Währung. Dollar kommen sogar aus den Bankautomaten.

Verdrängte Vergangenheit

Ein Taxi bringt uns in die Innenstadt. Wo zur Jahrtausendwende nur wenige Autos und Rikschas zu sehen waren, tobt heute lebhafter Verkehr durch die Stadt, findet sich eine quirlige, junge Stadt. Das Land befindet sich im Aufbruch – spätestens seit mit dem Friedensabkommen Weihnachten 1998 die letzten versprengten Einheiten der Roten Khmer ihre Waffen gestreckt haben.

Kambodscha hat eine sehr junge Bevölkerung, der Altersdurchschnitt liegt bei knapp 22 Jahren (nicht einmal halb so hoch wie in Deutschland). Das trägt dazu bei, das Grauen der Herrschaft der Roten Khmer

Links: Phnom Penhs Märkte sind die schönsten der Region.
Rechts: Wat Phnom auf dem Hügel Penh.

zu vergessen. Verarbeitet ist das Trauma aber nicht, gibt es doch in fast jeder Familie Täter und Opfer.

Frieden ist ein kaum fassbares Gut für das Land, das seit fast einem Vierteljahrhundert unter Krieg und Selbstzerstörung gelitten hat. In 20 Jahren Terror gab es mehr Minenopfer als in fast jedem anderen Land der Welt. Wer den Versuch wagt, sich dem Unbegreiflichen zu nähern, findet im Tuol-Sleng-Museum ein grausiges Zeugnis der Schreckensherrschaft Pol Pots. Die ehemalige Schule wurde nach dem Einmarsch der Roten Khmer in Phnom Penh zum Lager und zur Folterkammer des Staatssicherheitsdienstes. Alle Opfer wurden fotografiert und registriert, um Flüchtlinge identifizieren zu können. Eine lange Reihe von Fotos stellt Opfer und Täter gegenüber. Aus den Gesichtern der Opfer spricht Ungläubigkeit über das, was sich hier abspielte, auf den Fotos der Täter sieht man auch die Gesichter von Kindern, die zu Mördern gemacht wurden. Vor den Toren der Stadt liegt das Vernichtungslager Choeng Ek mit seinen Killing Fields, in das die zum Tode Bestimmten geschafft wurden.

Angkor

Bootsfahrten über den Tonlé Sap nach Siem Reap galten lange als gefährlich. Mal sanken die Boote und die Passagiere mussten auf dem Dach
ausharren, bis sie gerettet wurden, mal kam es zu Überfällen. Das ist
Vergangenheit, man hat jetzt die Wahl zwischen Bus und Boot. Neue,
klimatisierte Schnellboote rauschen in fünf Stunden über Fluss und See
bis zur Anlegestelle Siem Reap. Links und rechts liegen Bäume und Dörfer, aber immer wieder blitzt hinter der Uferböschung zwischen den
Bäumen Wasser auf: Das Land ist großflächig überschwemmt, obwohl
immer die Sonne scheint.

An der Anlegestelle entbrennt ein heftiger Kampf um die Ankömmlinge.
Jede Herberge versucht, so viele Passagiere wie möglich einzusammeln
– und die Konkurrenz ist groß. Wie die Pilze sind sie in den letzten
Jahren im einst verschlafenen Siem Reap aus dem Boden geschossen.
Kein Wunder: Angkor Wat fasziniert Touristen aus aller Welt. Seitdem
es auch auf dem Landweg sicher zu erreichen ist, kommen immer mehr.
Außerdem kann man schnell und unkompliziert direkt von Bangkok aus

hierherfliegen. Kaum ein anderes Bauwerk regte die Fantasie der Abendländer so sehr an wie jene Ruinen im Dschungel, die der Franzose Henri Mouhot 1860 für den Westen entdeckte. Das geheimnisvolle Lächeln der Buddhas auf den Türmen von Bayon inspirierte Romantiker und

Künstler in aller Welt, und tatsächlich gehört Angkor auf die Liste der großen Wunder menschlicher Zivilisation – wie die legendären Pyramiden der Ägypter und Maya.

Mehr als Angkor Wat

In Angkor finden sich allerdings noch weit mehr Relikte als Angkor Wat, das nur eines von rund 1000 historischen Monumenten ist, die auf einer Fläche von rund 250 Quadratkilometern verstreut sind. Auf dieser Fläche liegen die Reste von sechs Hauptstädten der im Lauf von sechs Jahrhunderten aufeinanderfolgenden Dynastien. Übrig geblieben sind allerdings nur die Ruinen religiöser Stätten, da nur den Wohnsitzen der Götter die Verwendung von Stein als Baumaterial zugestanden wurde. Die aus Holz und Ziegel errichteten Städte und Paläste verschwanden dagegen spurlos. Aber man kann mit gutem Grund annehmen, dass die Dörfer der damaligen Zeit sich wohl nicht allzu sehr von den traditionell gebauten heutigen Siedlungen unterschieden, denn die wirtschaftliche Grundlage, der Reisanbau, ist immer noch die gleiche.

Die Glanzzeit von Angkor

Anfang des neunten Jahrhunderts machte sich Jayavarman II. unabhängig. Er wuchs am Hof in Java auf, wo er mit seiner Familie als Gefangener oder Geisel lebte. Nach seiner Rückkehr nach Kambodscha ließ er sich in einer Zeremonie von einem Brahmanen zum König machen. Er führte sich auf den Hindugott Shiva zurück und begann die Tradition

Links: Angkor Wat ist der berühmteste Tempel in Angkor. – Rechts: Kunstvolle Apsaras, halb menschliche, halb göttliche Frauen, schmücken den Tempel.

der Tempelberge, die den Götterberg Meru als Wohnsitz der Götter symbolisieren. Während seiner 48 Jahre währenden Herrschaft verlegte er die Hauptstadt viermal und begann mit der Bautätigkeit, die neben den Göttern auch den Herrschern ein Denkmal setzten sollte.

Indravarman I. bestieg im Jahr 877 den Thron. Er veranlasste den Bau des östlichen Barray – eines 3800 Meter langen und 800 Meter breiten Wasserspeichers. Außerdem geht auf ihn der Bakong zurück, der älteste erhaltene Tempelberg. Nach dem Ende seiner Herrschaft folgten im Jahr 886 erbitterte Bruderkämpfe um seine Nachfolge – ein Muster, das sich durch die gesamte Periode Angkors zieht: Offensichtlich gab es damals noch keine festgelegte Erbfolge.

Unter dem Nachfolger Yasovarman I. wurde mit dem Bau einer neuen Hauptstadt und eines riesigen Wasserspeichers begonnen. Mit sieben Kilometer Länge und zweieinhalb Kilometer Breite konnte der Wasserspeicher 17 Millionen Kubikmeter Wasser je Höhenmeter fassen. Damit wurde der Reisanbau weitgehend unabhängig von den saisonalen Schwankungen des Monsuns. Rund um den Hügel Phnom Bakeng entstand die Hauptstadt, das erste Angkor, umfriedet von Erdwällen mit jeweils vier Kilometer Kantenlänge. Übrig geblieben ist davon heute fast nichts, außer dem westlichen und südlichen Wall und dem Staatstempel auf dem Phnom Bakeng – heute vor allem als Aussichtspunkt bei Sonnenuntergang bekannt.

In den Jahrhunderten wurden unter wechselnden Dynastien immer weitere Tempelanlagen hinzugefügt. Im Jahr 1131 bestieg mit Suryavarman II. einer der bedeutendsten Herrscher den Thron. Unter seiner Regentschaft erstreckte sich das Reich vom Mekongdelta über Kambodscha und den größten Teil des heutigen Thailands bis auf die Malaiische Halbinsel und Angkor Wat wurde errichtet. 40 Jahre lang bauten unge-

Links: Tempeltänzer in Angkor Wat.
Rechts: Buddha in Angkor Wat.

zählte Arbeiter an der streng konzipierten Anlage. Begonnen wurde der Bau von vier Seiten gleichzeitig, und vollendet wurde er rechtzeitig zum Tod des Herrschers. Die unübliche Ausrichtung nach Westen gibt Spekulationen Raum, dass der Vishnu geweihte Tempel ursprünglich als Mausoleum angelegt wurde.

Angkor wird buddhistisch

Nach dem Tod Suryavarmans II. folgte eine Periode der Instabilität. Es kam zu den ersten Rissen im glanzvollen Antlitz des Reichs der Khmer. Die Cham aus Zentralvietnam besetzten von 1177 bis 1181 Angkor. Jayavarman VII. konnte zwar die Cham besiegen und die restlichen Khmer-Könige unter seiner Herrschaft wieder vereinen, aber der Niedergang war eingeläutet. Trotzdem wurden danach noch einige der prachtvollsten Bauten errichtet.

Als erstes ließ Jayavarman VII. den Klostertempel Ta Prohm bauen, der sich heute noch in seinem romantisch überwucherten Zustand präsentiert und am stärksten an die Zeit erinnert, als die Anlagen von Angkor wiederentdeckt wurden.

Einer Inschrift zufolge beschäftigte das Kloster mehr als 12 000 Menschen, die von rund 80 000 Bauern ernährt werden mussten. Die Hauptgottheit des Tempels ließ der König nach dem Bildnis seiner Mutter anfertigen.

Das geheimnisvolle Lächeln des Buddhas

Sogar noch größer war die Universität Preah Khan mit ihren Tempeln, und als wäre das nicht schon genug, beschloss König Jayavarman VII. auch noch, eine eigene Hauptstadt zu bauen. Eine Stadtmauer mit je drei Kilometer Kantenlänge umschließt Angkor Thom, die »Große Stadt«, in der einst rund 100 000 Menschen lebten, deren Fläche heute aber weitgehend von Wald bedeckt ist. Als Staatsheiligtum wurde der Bayon mit seinen Gesichtertürmen errichtet. Neben Buddha, dem das Hauptheiligtum vorbehalten war, fanden im Staatstempel auch alle im Reich der Khmer verehrten Götter ihren Platz. Heute ist das Durcheinander der teilweise eingestürzten Tempelteile mit den darüber aufragenden Gesichtertürmen einer der beeindruckendsten Plätze Angkors. Insgesamt 54 Türme waren es ursprünglich, 37 sind noch erhalten, und von allen schauen drei bis viereinhalb Meter hohe Gesichter in die vier Himmelsrichtungen; Avaloketeshvara mit den Gesichtszügen Jayavarmans VII. Dann folgte ein kontinuierlicher Abstieg. Das Reich der Khmer verlor seine Vormachtstellung an die Thai, die erst im Norden ihre eigenen Königreiche bildeten und unabhängig von Angkor wurden und schließlich auf dem Höhepunkt ihrer Macht Angkor an das Reich von Ayutthaya anschlossen.

In den folgenden Jahrhunderten musste sich Kambodscha stets gegen zwei Seiten verteidigen: im Westen gegen die immer wieder einmarschierenden Thai, und aus dem Nordosten gegen die stets weiter vordringenden Vietnamesen. Letztlich konnten die Khmer aber doch den Versuchen der beiden Seiten widerstehen, die sich ihr Land einverleiben wollten.

Links: Angkor Thom liegt neben Angkor Wat. – Rechts: Fahrt mit der Motorradrikscha.

Laos

Seit jeher gehen die Uhren im dünn besiedelten Land zwischen Mekong und den Bergen der Annamiten anders, gemächlicher als in den Nachbarländern. Ein französisches Sprichwort beschrieb die Völker Indochinas einmal mit den folgenden Worten: »Die Vietnamesen pflanzen den Reis, die Kambodschaner schauen dabei zu – und die Laoten lauschen, wie der Reis wächst.« Natürlich ist der Spruch unfair, bauen doch die Laoten ihren Reis selber an – doch ein Reiskörnchen an Wahrheit findet sich immer noch in ihm, ist doch Hektik in Laos ein unbekanntes Wort.

Oben: Man sieht noch, dass Pakse als französische Verwaltungsstadt gegründet wurde.
Mitte: Mönche vor dem Wat Luang in Pakse.
Unten: Tausende von Pilgern aufgestellte Statuen stehen in den Höhlen in Pak Ou.

Vientiane

Laos

Am Mekong steht die Zeit still

Vientiane – Vang Vieng – Luang Prabang – Pak Ou – Pakbeng – Udomxai – Luang Namtha – Champasak – Pakse – Si Pan Don

Die Wahrscheinlichkeit, bei der Einreise nach Laos den Mekong überqueren zu müssen, ist groß, zumal, wenn man aus Thailand kommt. Dann befindet man sich in dem am dünnsten besiedelten Land Südostasiens mit dem höchsten Waldanteil: Über den Fluss und in die Wälder – *getreu diesem Titel von*

Hemingway lässt sich eine Laos-Erkundung gut zusammenfassen. Wald und Berge sind der vorherrschende Eindruck, fährt man durch Laos, egal ob mit dem Boot oder auf den meist holprigen Pisten. Die etwa sieben Millionen Einwohner des Landes verteilen sich auf 236 000 Quadratkilometer – zum Vergleich: In Deutschland leben rund 80 Millionen Menschen auf 350 000 Quadratkilometern, also etwa zehnmal so viele pro Quadratkilometer.

In den wild aufgefalteten südöstlichen Ausläufern des Himalaja finden sich nur wenige größere Täler und Hochebenen, die die Ansiedlung einer größeren Population ermöglicht hätten. Entsprechend dem Terrain gleicht Laos' Bevölkerung einem Flickenteppich verschiedenster Völker.

Ein Land – viele Völker

Nach offizieller Statistik gibt es in Laos 68 ethnische Gruppen, von denen knapp 60 Prozent zu den eng mit den Thai verwandten Lao Loum gerechnet werden. Traditionell ordnet man die Völker vier Gruppen zu, je nachdem, auf welcher Höhe sie leben. In Laos erklärt sich diese stark vereinfachende Einteilung durch die aus verschiedenen Naturräumen zugewanderten Völker. Die Thaivölker ließen sich entlang den Flussläufen nieder, wo sie Nassreis kultivieren konnten, während die schon vor ihnen in Laos ansässigen Mon-Khmer in den niederen Hügelgebieten siedeln. Die aus dem Bergland Chinas zugewanderten Hmong-

Links: Unterwegs zu einer der Viertausend Inseln in Si Pan Don. – Rechts: Abendrezitation im Wat Xieng Thong, einem der zahlreichen Klöster von Luang Prabang.

Mien und die sino-tibetischen Stämme bevorzugen die höchsten Lagen: Diese Art der Verteilung des Lebensraums findet sich überall entlang und südöstlich des Himalaja. Alle diese Völker, von denen Ethnologen sogar rund 120 gezählt haben, unterscheiden sich mehr oder weniger stark durch ihre Religion, Geschichte, Herkunft, Gebräuche und – für den Außenstehenden am einfachsten zu erkennen – ihre Kleidung. Letztere bestimmt oft auch den Namen der Gruppe: Schwarze, Rote, Weiße Thai. Hinzu kommen Wald-Thai, Nördliche Thai, Südliche Thai. Und um die Sache weiter zu verkomplizieren, bedeutet Tai Süden, die Südlichen Thai heißen also Thai Tai. Noch Fragen?

Die Thai Dam, die Schwarzen Thai, sind die weitestverbreitete Gruppe unter den hiesigen Bergstämmen und die mit den am besten tradierten Sitten und Gebräuchen. Am auffälligsten durch ihre Tracht, zahlenmäßig aber eher unbedeutend sind die tibeto-burmesischen Stämme der Lisu, Lahu, Lolo, Phu Noi und Akha im Norden von Laos. Zahlenmäßig bedeutender sind die Mien und Hmong. Vor allem Letztere spielten in den kriegerischen Auseinandersetzungen während des Vietnamkriegs eine bedeutende Rolle, was ihnen heute negativ anhängt.

Vientiane – im Dornröschenschlaf

Auf der gesamten Länge des Mekong zwischen China und Vietnam gibt es genau eine Brücke. Und die verbindet Nong Khai in Thailand mit Vientiane. Ein laotisches Konsulat auf der Brücke erteilt das Visum bei der Einreise. Jenseits der Brücke geht es mit dem Tuk Tuk ins einige Kilometer entfernte Vientiane. Ein paar Kilometer trennen das thailändische Provinznest Nong Khai von der Hauptstadt der Volksrepublik Laos – ein paar Kilometer und einige Jahrzehnte. Vientiane erwacht erst langsam aus tiefem Dornröschenschlaf – trotz der in den letzten Jahren fast unbemerkt von der Außenwelt durchgeführten Reformen. Die Straßen der Hauptstadt – breite Alleen, an denen französische Kolonialvillen vor sich hin bröckeln – gehören weitgehend Fahrrädern und einigen Mopeds. Autos sind noch die Ausnahme. Wir beziehen ein Zimmer im Lane Xang Hotel, dem ehemaligen Staatshotel. Die Pracht ist brüchig geworden: Tapeten rollen sich von den Wänden und werden von Nägeln festgehalten; neben dem Fernseher steht ein Eimer, in den es sachte von der Decke tröpfelt. Dafür kostet der Luxus – mit Pool und Fitnesscenter –, in dem früher alles, was Rang und Namen hatte, abstieg, auch nur 40 Dollar – inklusive der unverwechselbaren Aura eines sozialistischen Staatsbetriebs.

Am Abend dringt dann die laute Musik einer grausig schlechten Kapelle und der Trubel einer Feier aus dem Konferenzsaal bis in unser Zimmer – die einzige Goldmedaille bei den Südostasien-Spielen für Laos wird ausgiebig vom ganzen Team gefeiert.

Die »Provinzhauptstadt«

Das Zentrum Vientianes ist so klein, dass man es gut zu Fuß erkunden kann. Zwei Minuten dauert der Marsch vom Mekong und dem »Lane Xang« bis ins Stadtzentrum am Platz um den Brunnen, wo sich die in-

Links: Das Patuxai-Tor ist eines der Wahrzeichen Vientianes.
Rechts: Buddhas im Wat Si Saket.

ternationale Küche versammelt hat: Ob italienisch, französisch oder indisch – hier gibt es ausgezeichnete Restaurants, allerdings auch mit für Laos horrenden Preisen.

Vom kulinarischen Zentrum ist es auch nicht mehr weit zu den kulturellen Sehenswürdigkeiten der Stadt: den Klöstern. Nur das Phat That Luang, das Wahrzeichen von Laos, steht am Stadtrand. Der Legende nach geht es auf Missionare zurück, die der indische Herrscher Ashoka im dritten Jahrhundert vor unserer Zeitrechnung geschickt haben soll und die über einer Reliquie des Buddhas einen Stupa errichteten. Das Heiligtum unterscheidet sich in der Formgebung deutlich vom thailändischen Stil. Die in den Himmel gereckte Spitze lässt ihre symbolische Bedeutung, die Lotosknospe, erkennen. Das Sprießen eines Lotossamens vom Grund eines sumpfigen Tümpels, bis sich die Blüte über die Oberfläche des Wassers erhebt, wird mit dem Prozess verglichen, den ein Buddhist bei seinem Fortschreiten von der Unwissenheit bis zur Erleuchtung durchläuft.

Ein Spielball fremder Mächte

Das dünn besiedelte Laos nahm meist nur als Zaungast an der Geschichte teil – allerdings überwanden die Nachbarn diesen Zaun immer wieder, und Laos wurde zum Spielball fremder Mächte. Das Reich von Sukhothai war das erste große Staatswesen, das auch Gebiete des heutigen Laos umfasste: Die Fürstentümer Muang Sawa (Luang Prabang) und Vieng Chan standen unter der Herrschaft Sukhothais, während der Süden zum Reich der Khmer gehörte. Nach dem Untergang von Sukhothai und dem Reich von Angkor entstand unter Fa Ngum mit Lan Xang das erste laotische Königreich. In den Jahrhunderten musste es sich gegen seine Nachbarn behaupten und geriet wechselweise unter burmesische, siamesische und vietnamesische Vorherrschaft. Mitte des

Links: Meditierender Buddha im Wat Luang in Pakse.
Rechts: Sonntagsaufführung im Buddha Park in Vientiane.

19. Jahrhunderts stand das gesamte Land unter der Herrschaft Siams, das es in vorangegangenen Kriegen beinahe gänzlich entvölkert hatte.
Gegen Ende des 19. Jahrhunderts waren die Franzosen eifrig dabei, ihr Kolonialreich auszubauen. Alle Kolonialmächte suchten einen Zugang zu China, aber weder der Mekong noch der Rote Fluss waren geeignet. Mit seiner Kanonenbootpolitik gelang es Frankreich, Verträge mit Siam zu schließen, die Laos als Protektorat in das französische Kolonialreich eingliederten. In völliger Missachtung der unterschiedlichen Kulturen von Laos, Kambodscha und Vietnam verband Frankreich diese zu Indochina. Auch der heutige Name des Landes geht auf eine Fehlübersetzung zurück: Aus *les laos*, die Laoten, machten die Franzosen Laos. Für die Laoten gibt es diese Bezeichnung nicht – Staat und Menschen heißen einfach »Lao«.

Unbeteiligt und dennoch bombardiert

Tragisch wurde das Schicksal von Laos in der Zeit des Vietnamkriegs. Obwohl offiziell nie am Krieg beteiligt, ist Laos das im Verhältnis zu seiner Population meistbombardierte Land der Geschichte. Die USA warfen über Laos mehr Bomben ab als während des gesamten Zweiten

Weltkriegs – insgesamt in rund 580 000 Flugeinsätzen knapp zwei Millionen Tonnen. Dazu kamen chemische Kampfstoffe, die den Urwald entlaubten, Feldfrüchte vergifteten und das Wasser unbrauchbar machten. Unter den Folgen leiden die betroffenen Regionen bis heute.

1962 hatten alle Seiten das Genfer Abkommen unterzeichnet, das die Neutralität von Laos festhielt und ausländisches militärisches Personal auf dem Gebiet von Laos verbot, aber keiner hielt sich daran. Um das Verbot zu umgehen, führten die USA den sogenannten Geheimen Krieg: Die Bombenangriffe über Laos wurden von der »zivilen« Air America geflogen, die Piloten der Air Force flogen in Jeans und T-Shirts mit ausgedientem Fluggerät.

Dieser Krieg, der offiziell nicht stattfand, dauerte von 1964 bis 1973. Es wurden Einsätze gegen den Ho-Chi-Minh-Pfad, die auf Seiten der Vietnamesen kämpfenden Pathet Lao und die in Laos stationierten vietnamesischen Truppen geflogen.

Die Pathet Lao übernehmen die Macht

Anders als die Amerikaner versuchten die Vietnamesen gar nicht erst, ihre Truppen zu tarnen. An die 70 000 vietnamesische Militärs waren am Krieg in Laos beteiligt. Gegen diese Übermacht aus Vietnamesen und

Pathet Lao konnten sich die Amerikaner mit ihren verbündeten Thai- und Hmong-Truppen nicht behaupten, trotz der überlegenen Feuerkraft.

Nach dem Ende des Vietnamkriegs übernahmen die Pathet Lao die Herrschaft über Laos; die Volksrepublik Laos wurde 1975 ausgerufen. Der Krieg im Inneren ging jedoch weiter. Die Hmong, die auf Seiten der USA und des Königshauses gekämpft hatten, wurden mit Napalm und chemischen Waffen sowie mit sowjetischer Unterstützung bekriegt. Man schätzt, dass in diesen Kämpfen zehn Prozent der Hmong-Bevölkerung getötet wurden. Nach der Machtübernahme versuchte die kommunistische Regierung, einen nach vietnamesischem Vorbild ausgerichteten Sozialismus zu errichten. Rund 40 000 Menschen kamen in sogenannte Umerziehungslager, mindestens weitere 30 000 wurden wegen angeblicher politischer Verbrechen inhaftiert. In der Folge flohen offiziell 300 000 Laoten nach Thailand – rund zehn Prozent der Bevölkerung! Die tatsächliche Zahl kann noch bedeutend höher sein, da die Laoten nur über den Fluss gehen mussten, um sich in Nordostthailand unter die dortige, laotisch sprechende Bevölkerung zu mischen.

Seit 1989 sind alle Umerziehungslager geschlossen und fast alle politischen Häftlinge auf freiem Fuß. In den 1990er-Jahren wurden Reformen eingeleitet, die jedoch die sozialistische Staatsform noch nicht aufgeben wollten.

Von Vientiane nach Vang Vieng

Wir verlassen Vientiane gen Norden auf der Straße Nummer 13. Es ist noch nicht wirklich lange her, dass es im Berggebiet auf halber Strecke nach Luang Prabang zu Überfällen durch Hmong-Rebellen kam. Der Bus, der uns aus Vientiane zum Nam-Ngum-Stausee bringt, ist zwar voll, aber nagelneu, ebenso die Straße. Planmäßig erreichen wir unser

Links: Das Phat That Luang ist das Staatsheiligtum von Laos.
Rechts: Reisen durch Laos ist in weiten Teilen des Landes noch immer eine Geduldssache.

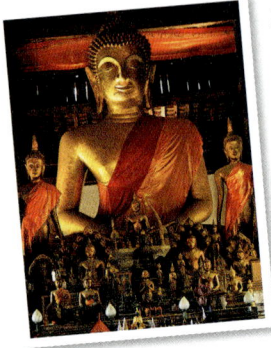

Ziel. Der riesige Stausee dient zur Gewinnung des elektrischen Stroms, der in Vientiane und Umgebung verbraucht wird. Es kann sogar noch Strom nach Thailand exportiert werden. Rund 250 Quadratkilometer Wald wurden für den See überflutet. Immer noch wird Teakholz am Grund des Sees mit Unterwassersägen eingebracht.

Jenseits der Hauptrouten wird die Busverbindung dramatisch schlechter. Überfüllte, klapprige Busse transportieren Menschen und Waren – alles muss mit, wird zum Markt oder von dort nach Hause transportiert. Die weniger glücklichen Reisenden hocken dabei auf dem Boden oder hängen in einer dichten Traube an den Bustüren. Doch auf den wichtigsten Strecken verkehren mittlerweile ordentliche Busse. Am schnellsten und komfortabelsten sind die zahlreichen Minibusse, die alle touristisch bedeutenden Orte entlang der Straßen verbinden.

Vang Vieng – Tubing und Bars

Vang Vieng ist ein kleines Örtchen mit vielen Unterkünften und Restaurants. Dank der malerischen Umgebung mit Karstfelsen am Fluss zieht es immer mehr Besucher an: Innerhalb kurzer Zeit hat sich die Besucherzahl verhundertfacht!

In der Hitze des Sommers ist das Hauptvergnügen eine mehrstündige Fahrt auf dem Fluss, und zwar mit alten LKW-Schläuchen, die überall zu mieten sind. Ein Kleinbus bringt uns einige Kilometer flussaufwärts und entlässt uns an der Straße. Mit unseren Schläuchen tapsen wir durch ein verschlafenes Dorf. Reinsetzen und treiben lassen: Flussufer und Berge ziehen vorüber, Kinder springen ins Wasser, gelegentlich treffen wir andere Reifenreisende. Auch unter den Einheimischen scheint dieses Vergnügen beliebt zu sein. Heute bietet sich ein etwas anderes Bild: Große Mengen stark alkoholisierter junger Menschen haben den

Links: Im Wat Wisunarat bevölkern unzählige große und kleine Buddha-Statuen die hölzerne Halle des Tempels. – Rechts: Die Tham-Phu-Kam-Höhle bei Vang Vieng.

Fluss zu ihrem Spielplatz gemacht – allerdings hat ihr Spiel bereits viele Todesopfer gefordert. Die schlimmsten Auswüchse wurden daher von den Behörden gestoppt, der Alkoholausschank an die Schlauchfahrer verboten. Es wird nicht mehr werden wie vor den Touristenmassen, doch die Landschaft soll wieder im Vordergrund stehen!

Karst wie Schweizer Käse

Für Höhlenforscher ist Südostasien ein wahres Paradies. Es sind noch lange nicht alle Höhlen gefunden, geschweige denn erforscht. Die bekannteste der Gegend liegt jenseits des Flusses und diente früher als Unterschlupf, wenn aus Yunnan einfallende Räuberbanden das Land unsicher machten. Andere enthalten gelegentlich Buddha-Figuren, wie die Tham Phao Jao, die einige Kilometer von Vang Vieng entfernt zu einem Ausflug lockt. Wer es abenteuerlicher mag, lässt sich in die Python Cave führen, die erst in den 1990er-Jahren entdeckt wurde und sich kilometerlang in den Berg hineinschlängelt – daher auch der Name.

Für die rund 160 Kilometer lange Strecke nach Luang Prabang braucht der klapprige Bus acht Stunden. Doch das Panorama vor dem Fenster entschädigt reichlich für die engen, durchgesessenen Sitze. Karstland-

schaft und Berge: Es geht immer höher hinauf, vorbei an massiven Fels-
klötzen, die in den Wolken verschwinden. Auf halber Strecke, auf den
gerundeten Bergrücken, bestimmt dann der Wanderfeldbau die Szenerie, ehe es hinuntergeht in das Mekongtal.

Luang Prabang

Das erste laotische Königreich, das hier im Jahr 1353 durch den Zusam-
menschluss der Fürstentümer von Luang Prabang und Vieng Chan entstand, hatte den poetischen Namen »Eine Million Elefanten«. Lan Xang
(so sein laotischer Name) wird als das erste Vorgängerreich des heutigen
Laos gesehen. Bis zum Jahr 1975 konnte sich die Stadt mit dem Titel als
Königsresidenz schmücken. Nach der Machtübernahme durch die kom-
munistischen Pathet Lao verschwand der König mit seiner Familie im
Umerziehungslager – wo die Familie unter bislang ungeklärten Umständen ums Leben kam.

Luang Prabang ist heute ein verschlafenes, aber touristisch gut erschlos-
senes Städtchen am Zusammenfluss von Nam Khan und Mekong. Auf
einer von den beiden Flüssen gebildeten Halbinsel liegen Klöster und
das Nationalmuseum, das im alten Königspalast untergebracht ist. Da-

rüber erhebt sich ein von einem weiteren Wat ge-
krönter Hügel, der sogenannte Phou Si, der die
Halbinsel dominiert.

Nirgends kann man besser in die Stimmung von
Laos eintauchen, in die Kultur, die der Mekong
so stark prägt, als in Luang Prabang. Am Ufer
sitzend und den braunen Fluss beobachtend
sehen wir, wie im Morgengrauen die in gelbe
Roben gekleideten Mönche ihre Almosenrunde
drehen. Später fahren wir mit dem Boot zwei Stunden flussaufwärts zu
den Höhlen von Pak Ou. Wir lassen den mächtigen Strom auf uns wirken und genießen diese scheinbar zeitlose Umgebung.

Pak Ou

Im August ist der Fluss bis zum Rand gefüllt, stehen die Bäume zum Teil
im Wasser, bildet der Fluss eine breite braune Wasserstraße. Ganz anders
im Winter oder gar im Vormonsun: In dieser Zeit sinkt der Wasserpegel
immer weiter ab; Inseln und Riffe kommen zum Vorschein, von deren
Existenz bei Hochwasser nichts zu ahnen ist – dann wird hier Gold ge-
waschen und auf dem Ufer Gemüse angebaut. Die Höhlen liegen in
einer steilen Felswand und sind geradezu mit Buddha-Statuen voll-
gestopft.

Bevor die Straße nach Vientiane befestigt wurde, wurde fast das gesamte
Verkehrsaufkommen auf dem Mekong abgewickelt. Am Fluss liegen die
Lastschiffe und Fährboote, die immer noch einen Teil des Warentrans-
ports abwickeln. Doch jetzt, wo der Bus an einem langen Tag Vientiane
erreichen kann, ist die dreitägige Flussfahrt unattraktiv geworden. An-
ders sieht es dagegen in Richtung Norden zur thailändischen Grenze bei
Huai Xai aus: Dorthin gelangt man auf der Straße nur in einem riesigen
Bogen. Zwei lange Tage auf einer quälend schlechten Straße stehen sechs
Stunden auf dem Speedboot gegenüber – sechs Stunden vor dem dröh-
nenden Motor mit seinem betäubenden Lärm, in denen das Boot von

Links: Nur über den Mekong ist Pak Ou zu erreichen. – Rechts: Obwohl die Höhlen
hoch über dem Fluss liegen, werden sie gelegentlich vom Hochwasser erreicht.

harten Schlägen erschüttert wird, wenn es über die Wellen der Stromschnellen schießt – aber alles eben doch nur sechs Stunden lang.

Im Norden

Chiang Kong ist ein kleines Städtchen am Ufer des Mekong im Norden Thailands. Hier soll eines Tages die Überlandverbindung nach China ihren Ausgangspunkt nehmen. Traditionell kamen hier die Karawanen aus Yunnan entlang, und auch heute legen hier noch die Frachtschiffe aus Yunnan an, läuft der Handel über die Fähre und weiter über die Piste hinauf nach China. Chiang Kong – beziehungsweise Huay Xai, wie die Stadt auf der anderen Seite des Flusses heißt – ist ein guter Ausgangspunkt für eine Rundreise durch den Norden von Laos. Diese empfiehlt sich allerdings nur für diejenigen, die jedem Komfort für eine Weile entsagen können. Empfehlenswerter und vor allem wesentlich sicherer als die sechsstündige Fahrt im Schnellboot nach Luang Prabang ist auf alle Fälle die Reise mit einem der langsamen Passagierboote, die jeden Morgen (außer am Sonntag) hier ablegen, um in zwei gemächlichen Tagen die alte Hauptstadt zu erreichen. Gemütlich tuckern die Boote den Strom hinab, der hier außerhalb der Regenzeit gar nicht mehr so breit ist. Kurz bildet der Fluss stromabwärts noch die Grenze, dann dreht diese nach Süden ab und der Strom fließt zwischen dicht bewaldeten Höhenzügen nach Laos hinein.

Auf dem Mekong

Die Ufer werden wechselweise von Sandbänken oder Felsklippen gebildet, mächtige Strudel quirlen die Oberfläche des Flusses auf. Immer wieder stehen Felsen auch im Flusslauf, sodass es den Anschein hat, der Fluss wäre unpassierbar. Doch der Steuermann leitet sein hölzernes Boot souverän zwischen den Hindernissen hindurch. Nur einmal kommt Unruhe in die Mannschaft, als das Ruder plötzlich klemmt und wir auf die

Links: Die Boote auf dem Mekong sind eine der besten Arten, durch Laos zu reisen.
Rechts: Die Motorboote hört man lange bevor man sie sehen kann.

Klippen zutreiben. Hektisch schreit der Kapitän nach hinten, irgendwer von der Besatzung findet die klemmende Stelle der Ruderkette, und kurz vor den Felsen dreht der Dieselmotor wieder hoch. Ansonsten geht die Fahrt ganz friedlich voran, das Ufer ist abwechslungsreich genug, um sich den ganzen Tag nicht daran sattzusehen. Nur gelegentlich wird der Frieden etwa durch röhrende Speedboote unterbrochen, die schon lange zu hören sind, bevor wir sie sehen können. Mit überdimensionalen Automotoren ausgerüstet jagen die Boote über den Fluss hinweg, die Passagiere sind dabei zumeist mit einem Helm und mit einer Schwimmweste ausgestattet.

Pakbeng liegt auf halber Strecke und ist ein natürliches Hafenbecken im Flusslauf, darüber liegen Dünen und weit über dem Fluss die Häuser des Ortes. Zwei voll beladene Boote laufen ein. Alles schnauft den steilen Anstieg empor auf der Suche nach einer Bleibe. Der Blick hinab zu den Sandbänken offenbart, wie stark der Mekong in der Regenzeit anschwillt. Hier steigt der Pegel sicherlich mehr als 20 Meter, und die Breite des Flusses vervielfacht sich! Von Pakbeng aus hat man die Wahl, weiter dem Fluss nach Luang Prabang zu folgen oder die holprige Straße nach Norden in Richtung China zu nehmen. Egal, welche Route man

wählt, Busse sucht man hier vergeblich. Als öffentliche Verkehrsmittel dienen die Ladeflächen von LKWs und Pick-ups, was auch den Transport der mitgeführten Waren erleichtert. Obwohl die Dachgepäckträger große Mengen Gepäck tragen, ist auch der Fußraum vor den Sitzbänken gnadenlos zugestopft. Auf dem Schoß der Mutter werden kleine Kinder mit nackten Hintern platziert – Windeln sind hier unbekannt. Die Kunst liegt darin, rechtzeitig zu erkennen, wann ein Wässerchen zu erwarten ist, und dann den Babypo geschickt über die Bordwand zu drehen. Zur Unterstützung ahmen die Mütter zischelnd einen Wasserstrahl nach – und siehe da, es funktioniert.

An die chinesische Grenze

Um von Luang Prabang nach Norden weiterzureisen, findet man sich am besten so früh wie möglich am »Busbahnhof« nördlich der Stadt ein. Dort bekommt man ein Ticket für einen Sitzplatz. Nun muss man nur noch das dazugehörige Fahrzeug ausfindig machen und sich zwischen die anderen Passagiere quetschen. Die Anzahl der Passagiere ist auf die durchschnittliche Schulterbreite eines Laoten berechnet – was auf alle Fälle für drangvolle Enge sorgt. Sitzkomfort ist ohnehin nicht zu erwar-

ten. Sollte es regnen, wird man als Passagier eben nass. Auf die eben noch gespürte Hitze folgt im Fahrtwind das Zähneklappern, zumal es hinauf in die Berge geht – weg vom Komfort von Luang Prabang. Ein Stück Straße ist über Nacht durch einen Erdrutsch unpassierbar geworden, und ich denke an die Warnung des laotischen Konsulatsbeamten: »Nehmen Sie bitte auf keinen Fall die Straße nach Norden«, lautete seine telefonische Auskunft. Doch es

ist halb so schlimm. Die Bewohner des nächsten Dorfes haben schon eine Umleitung durchs Gebüsch gehackt, und gegen etwas Wegzoll dürfen die Fahrzeuge passieren. Die Provinzhauptstadt Udomxai ist trotz ihrer schönen Lage nicht viel mehr als eine Durchgangsstation mit reizlosen, gekachelten Hotels und Häusern. Bis zum Grenzübergang Boten sind es nur noch fünf Stunden. Von der Nähe Chinas lebt die Provinzhauptstadt – heute als Warenumschlagsplatz und früher im Indochinakrieg als chinesische Truppenbasis. Die Chinesen stellen auch heute einen hohen Bevölkerungsanteil. Interessanter als die Stadt sind die Dörfer am Fuß der umgebenden Berge.

Völkergemisch in Luang Namtha

Noch interessanter finden fast alle Reisenden die Weiterreise nach Luang Namtha: Jenseits einer Bergkette liegt im nordwestlichen Winkel von Laos die an Minoritäten reichste Provinz des Landes – und auch die am stärksten von Malaria betroffene. Neununddreißig verschiedene Ethnien werden in der dicht bewaldeten und bergigen Region aufgeführt. Fast unmittelbar an der Grenze zu China liegt das Provinzstädtchen Muang Sing, auf dessen Markt der Völkermix vielleicht besser zu beobachten ist als irgendwo sonst. Zu den Völkern aus den umliegenden Dörfern und Bergen kommen auch noch chinesische Gruppen, die chinesische Waren verkaufen und Gemüse einkaufen. Allerdings muss man früh aufstehen,

Links: Lanten-Frauen beim Weben nahe Luang-Namtha-Stadt.
Rechts: Die Yao sind eines der vielen Völker, die hier dicht nebeneinander leben.

wenn man sie dabei beobachten will. Gegen acht Uhr ist ein guter Teil der Händler bereits damit beschäftigt, die Waren wieder einzupacken. Thai Dam, Thai Lü, Thai Neua, Hmong, Akha, Mien, Shan und andere, die alle in ihrer eigenen Tracht damit beschäftigt sind einzukaufen, zu handeln und zu verkaufen, geben ein unvergleichliches Bild ab.

Opium und Bergvölker

Mit dem Fahrrad oder zu Fuß lassen sich die umliegenden Orte erkunden – die ideale Art, sich hier umzusehen und die Natureindrücke bestens auf sich wirken zu lassen, ohne großes Aufsehen zu erregen.

Fast jedes Dorf bewohnt eine andere Ethnie, alle haben sie ihren eigenen Glauben, ihre eigene Sprache. Nur wenige Minuten Fußmarsch über dem Mien-Dorf liegt das Akha-Dorf mit seinen Geisterfallen am Ortseingang. Anders als in Thailand wird hier noch offen Mohn angebaut.

Für die Akha wie für andere Stämme ist der Opiumanbau und -konsum Teil ihrer Kultur. Traditionell sind es vor allem ältere Männer, die das Opium rauchen. Knapp fünf Tonnen Opium werden alleine im Distrikt Muang Sing jährlich produziert, und rund zwei Drittel davon werden vor Ort verbraucht: als Medizin, als Bezahlung, zur Bewirtung von Gästen, für religiöse Zeremonien, für die abendliche Pfeife. Rund zehn Prozent der Mitglieder dieser Bergstämme sind opiumabhängig, was ihre Arbeitskraft stark beeinträchtigt.

Obwohl Muang Sing an der chinesischen Grenze liegt, ist es möglich, Thailand von hier aus in einem Tag zu erreichen. Frühmorgens nehmen wir den LKW-Bus nach Xieng Kok. Kaum ist die geteerte Straße zu Ende, hüllt uns der Fahrtwind in dichte Staubwolken. Bei freier Sicht erkennen wir dafür einmal mehr eine wunderschöne Berglandschaft mit riesigen Urwaldbäumen. Unser erstes Ziel nach drei Stunden Fahrt ist der nächste Fähranlegeplatz am Mekong. Auf der anderen Seite des Flusses liegt Burma vor uns – jener Landesteil allerdings, der sich der Kon-

Links: Die bunten Trachten täuschen über die Armut der Akha hinweg.
Rechts: Von Muang Sing aus mit dem Fahrrad oder zu Fuß in die Dörfer.

trolle durch die Zentralregierung hartnäckig entzieht. Von dort stammt ein großer Teil des Heroins, das auf den Weltmarkt fließt. Mit den Erlösen finanzieren sich die dortigen Warlords, aber diesseits des Mekong ist davon nichts zu spüren. Wenn wir nicht einen ganzen Tag verlieren wollen, bleibt uns diesmal nur das Speedboot: Helm und Schwimmweste gibt es hier nicht, Ohrenstöpsel müssen wir improvisieren. Dann wird der PKW-Motor gestartet, der auf dem kleinen Boot leicht überdimensioniert wirkt.

Für schwache Nerven ist die Fahrt nichts, aber wer die Gefahr eines Überschlags verdrängt, kann die Geschwindigkeit auch genießen. Ruckzuck fliegen Sandbänke, bewaldete Hügel, Klippen und Strudel vorbei. Mit 60 Stundenkilometern ins Wildwasser, durch eine Traumlandschaft: Nur gelegentlich taucht ein Dorf auf, verweisen Felder auf die Nähe von Menschen, zeugt ein auf den Klippen liegendes Fährschiff von den Tücken des Flusses.

Drei Stunden später bleiben Burma und die Berge zurück, liegt Thailand nach einer Wendung des Flusses nach Osten rechter Hand. Noch eine Stunde später werden wir in Huay Xai ans Ufer entlassen und müssen nur noch per Fährboot über den Fluss, um wieder in Thailand zu sein.

Tief im Süden

Während es in den Bergen von Nordlaos von Dezember bis Februar schon mal frostig kalt werden kann, herrschen im Süden immer tropische Temperaturen vor. Auf den letzten Kilometern verabschiedet sich hier der Mekong von der Grenze und zieht sich breit und träge durch die Provinz Champasak, die als eine der schönsten von Laos gilt. Alte Khmer-Tempel, Wasserfälle und die Viertausend Inseln locken immer mehr Reisende in den Süden von Laos. Und seitdem die Grenze zwischen Kambodscha und Laos geöffnet wurde, haben sich ganz neue Reisemöglichkeiten ergeben. In drei Wochen Rundreise lassen sich so der Osten von Thailand, Südlaos und Kambodscha besuchen.

Wat Phu Champasak

Auf einem Hügel mit Blick über das Tal des Mekong liegt die zum UNESCO-Weltkulturerbe zählende Tempelanlage. 1400 Meter lang ziehen sich die verwitterten Treppen den Hang hinauf. Der einst Shiva gewidmete Tempel liegt zwischen großen Bäumen und bezieht einen großen Teil seiner Wirkung aus der Lage und den Verwerfungen der

Zeit. Wild durcheinander liegen große Quader vor dem eher kleinen Tempel. Zwar kann sich der Tempel bei Weitem nicht mit den riesigen Anlagen Angkors messen, doch ein Besuch lohnt sich auf alle Fälle. Einfach traumhaft auch die Lage der Unterkünfte am Mekong. Wie die Wasser des Mekong scheint auch die Zeit hier langsamer zu fließen. Die Hektik des 21. Jahrhunderts hat den Süden von Laos noch nicht erreicht. In wunderbarer Ruhe kann man in einfachen Unterkünften genussvoll sein Frühstück auf einer Terrasse über dem Mekong einnehmen.

Die Viertausend Inseln

Die Ruhe und der Blick auf den Mekong sind auch der Hauptreiz der Si Phan Don, der Viertausend Inseln. In diesem Gebiet ganz im Süden von Laos, direkt an der Grenze zu Kambodscha, verästelt sich der Mekong zwischen unzähligen Inseln, fließt als kleine Bäche und Ströme zwischen ihnen hindurch, stürzt an vielen Stellen in Wasserfällen hinunter. Beiderseits der Grenze zeigt sich der Mekong hier von seiner spektakulärsten Seite.

Die Inseln und Wasserfälle liegen zwar fast komplett auf laotischer Seite, aber auch ein Ausflug auf dem Mekong von Süden her bietet umwerfende Ansichten: bizarre Bäume, Klippen, Sandbänke – und mit etwas Glück sogar den Mekong-Delfin. Schläfrig und ruhig wirken in Laos fast alle ländlichen Gebiete, doch im Süden scheint das auf die Spitze getrieben. Nur schwach erinnert sich der Reisende gelegentlich an die andere Welt … In der Zwischenzeit hat man die Wahl, ob man sich dem Blick über den Mekong hingibt, sich im Boot zwischen den Inseln spazieren fahren lässt oder einen Ausflug zu einem Wasserfall unternimmt. Alles ganz gemächlich, versteht sich.

Links: Idylle am Mekong bei Champasak.
Rechts: Mönche bei der Almosenrunde auf Don Khong.

Die Top 10 der Region

Bangkok

Auf Schritt und Tritt finden sich in Bangkoks Altstadt Relikte der Vergangenheit. Die Tempelanlagen Wat Phra Keo und Wat Pho gehören zu den beeindruckendsten in Thailand. Das Nationalmuseum bietet die reichhaltigste Auswahl an Kunst in ganz Südostasien. Alleine für diesen Stadtteil, der sich leicht zu Fuß erkunden lässt, lohnt sich der Aufenthalt in Bangkok. Dazu bietet die nahe gelegene Khao San Road einen eigenen Mikrokosmos aus Unterkünften und Geschäften.

Ayutthaya

Den glanzvollen Höhepunkt der Macht Siams verkörperte die prächtige Hauptstadt Ayutthaya. Nachdem die Stadt 1768 von der burmesischen Armee zerstört worden war, wurde die Hauptstadt nach Bangkok verlegt. Heute erinnern die Ruinen im Geschichtspark von Ayutthaya an diese glanzvolle Epoche. Es ist ein sehr weitläufiger Park mit zahlreichen Tempelgruppen, für deren Erkundung auf alle Fälle einige Stunden eingeplant werden sollten. Im Nordwesten der Stadt sammeln sich am Abend die zahlreichen Elefanten, auf denen die Besucher tagsüber von Tempel zu Tempel schaukeln, in einem Kraal.

Sukhothai

Die Überreste des Reiches von Sukhothai laden in einer weitläufigen Parklandschaft zum entspannten Verweilen. Hier begann die Geschichte der Thai, hier fand ihre Kunst ihren Höhepunkt. Einen anderen Höhepunkt bietet die Light and Sound Show zum Novembervollmond, wenn Sukhothai in geheimnisvoller Beleuchtung tausender Lichter erstrahlt und an Loy Krathong die Reisernte gefeiert wird. Von Sukhothai aus lohnen sich auch Ausflüge zu den Geschichtsparks in Si Satchanalai und Khampaeng Phet. Die dortigen Tempelruinen stammen auch aus der Glanzzeit Sukhothais. Die Tempel liegen sehr schön zwischen Bäumen, wirken ursprünglicher und strahlen eine ruhige Schönheit aus.

Von Kanchanaburi zum Drei-Pagoden-Pass

Die Provinz Kanchanaburi lockt mit herrlicher Landschaft am Khao-Laem-See, imposanten Wasserfällen im Erewan-Nationalpark und der Brücke am Kwai. Die wunderbare Natur lässt sich beim Rafting auf Bambusflößen, auf dem Rücken von Elefanten – beides von Sankhlaburi am Khao-Laem-See aus – oder bei einer langsamen Fahrt mit dem Hausboot den Khwae Noi hinab genießen.

Rundreise durch den Nordwesten Thailands

Hinauf in die Berge Nordthailands führen schmale, aber gute Sträßchen, die sich in endlos wirkenden Kurven durch die malerische, dschungelbedeckte Berglandschaft ziehen. Verborgen in den Bergen liegen reizvolle Täler, die Ausgangspunkte für Trekking, Ausritte auf Elefanten, Besuche riesiger Höhlensysteme oder Bootsfahrten sind. Und als wäre das alles noch nicht genug, finden sich mit dem Wat Phra That Lampang Luang und dem Wat Doi Sutheb auch noch künstlerische Höhepunkte der Lanna-Periode im Gebiet rund um die »Rose des Nordens«, Chiang Mai. Wenn man die ausgetretenen Pfade verlassen will, orientiert man sich ein wenig weiter östlich: Fast vergessen breitet sich hier das alte Königreich Nan inmitten einer herrlichen Berglandschaft aus.

Ko Samui

Traumhaftes Tropeneiland, das gemeinsam mit den Nachbarinseln keinen Wunsch offen lässt: Ob Luxus oder billige Strandhütten, ob Nachtleben oder magische Ruhe an einem fast einsamen Strand – hier findet garantiert jeder seinen Wunschstrand! Dieser Umstand zeichnet vor allem Ko Samui unter den anderen zahlreichen Trauminseln Thailands aus. Dazu kommt die Möglichkeit zu Ausflügen per Boot zum Ang-Thong-Meeresnationalpark mit seiner bizarren Kulisse aus Karsteilanden. Auch Tauchfahrten zu tropischen Korallenriffen werden angeboten. Und wer an einem feinkörnigen Sandstrand unter Palmen die Seele baumeln lassen will, kommt hier ebenfalls auf seine Kosten.

Andamanenküste

Atemberaubende Strände mit Blick auf bizarre Karstfelsen, einsame, kaum erschlossene Inseln: Jenseits von Phuket finden sich an der Andamanenküste einige der schönsten Strände der Welt. Ob mit dem Seekajak in der Bucht von Phang Nga, mit Taucherbrille und Schnorchel vor Ko Surin, vor der traumhaften Kulisse von Krabi und Ko Phi Phi oder den einsamen Inseln im Tarutao-Nationalpark, die Eindrücke werden unvergesslich sein … Kristallklares, türkisfarbenes Wasser und wunderbar feine Sandstrände verzaubern den Besucher der vielen Inseln und wer den Kopf unter Wasser steckt, entdeckt eine unglaublich vielfältige und farbige Welt.

Auf dem Mekong

In zwei Tagen gemächlich von Huay Xai bis zur alten Königstadt Luang Prabang zu treiben, ist ein Erlebnis der besonderen Art. Links und rechts des Flusses erstrecken sich waldreiche Hügel und Berge, den Fluss säumen Klippen und Sandbänke und manch-

Rechts: Bei den Si Pan Don an der Grenze zu Kambodscha: Blick über den Mekong.

mal auch ein Dorf. Wäre da nicht das gelegentliche Röhren der Schnellboote, man könnte glauben, in den letzten Jahrhunderten habe sich hier nichts verändert. Wenige Stunden vor Luang Prabang erreicht man die Steilklippe, in der die Höhlen von Pak Ou mit ihren Tausenden von Buddhas liegen. Vorsicht: Stromauf dauert die Fahrt ein bis zwei Tage länger. In der Regenzeit ist von den Klippen und Sandbänken nichts zu sehen. Und lassen Sie sich Zeit, die Schnellboote sind sehr gefährlich. Unglaublich schön ist der Mekong an der Grenze zwischen Laos und Kambodscha. Dort liegen die Viertausend Inseln, Si Pan Don. Südlich der Grenze fließt der Mekong durch bizarre Wälder, die zum Teil mitten im Fluss wachsen.

Luang Prabang

Wo der Nam Kane in den Mekong mündet, liegt eine der ältesten Thai-Niederlassungen in Südostasien. Lan Xang, »Eine Million Elefanten«, nannte sich das erste laotische Königreich, das hier gegründet wurde. Viel von der Poesie dieses Namens hat sich die alte laotische Hauptstadt bis heute erhalten. Abseits der modernen

Welt, aber mit viel Flair, überbordend an Tempeln und in einer wunderbaren Landschaft, lohnt die Stadt einige geruhsame Tage. Dazu locken Ausfüge zu Wasserfällen, auf dem Mekong zu den Höhlen von Pak Ou oder auf Elefanten in den Dschungel. In den Restaurants am Fluss kann man bei köstlichen Currys den Tag ausklingen lassen. Luang Prabang ist die perfekte Stadt, um das Flair Asiens in sich aufzusaugen!

Angkor

Die imposanten, lange Zeit im Dschungel vergessenen Tempelanlagen von Angkor zählen zu den mystischen Wundern Asiens. Von riesigen Wollbäumen überwucherte Tempel im Dschungel, die Gesichtertürme von Bayon oder die gigantische Anlage von Angkor Wat, sie alle zählen zu den Hinterlassenschaften des untergegangenen Reiches von Angkor, das lange Zeit die Region beherrschte. Angkor, von dessen Geschichte bis heute noch so viel im Dunkeln liegt, ist eine der größten Sehenswürdigkeiten Kambodschas und ganz Asiens und gehört zu den geheimnisvollsten Orten der Welt. Ausgangspunkt ist Siem Reap, das als Tourismus-Boomtown alles zu bieten hat, was Reisende suchen: leckeres Essen, Unterkünfte zwischen 10 und 500 Dollar die Nacht und Sehenswürdigkeiten in Hülle und Fülle. Dazu gehören unbedingt auch Ausflüge auf dem Tonlé-Sap-See. Am schönsten ist es aber, nicht nur einen kurzen Trip zu machen, sondern über den See und die Flüsse von Phnom Penh oder Battambang an- oder abzureisen!

Links: Markt in Muang Kong.

Register

Der Wasserfall Khon Phapheng.

Bildnachweis

Alle Bilder des Innenteils und des Umschlags stammen von Kay Maeritz, außer:
Shutterstock: S. 21 (TWStock), 35 r. (Butterfly Hunter), 70 (guruXOX),
85 (ltdedigos), 110 (Luciano Mortula).
Illustrationen: Shutterstock: S. 8 (pkproject), 35 u. 36 (Anna Pavlyuk),
55 u. 56 (Susan Schmitz), 69 u. 70 (Tabuda Y), 79 u. 80 (Le Panda),
103 u. 104 (Tanya Syrytsyna), 117, 118 u. 138 (Anna Pavlyuk).

Impressum

Verantwortlich: Annika Wachter
Korrektorat: Viola Siegemund
Layout: Elke Mader
Repro: LUDWIG:media
Umschlaggestaltung: Frank Duffek
Kartographie: Astrid Fischer-Leitl
Herstellung: Alexander Knoll
Printed in Italy by Printer Trento

Sind Sie mit diesem Titel zufrieden? Dann würden wir uns über Ihre Weiterempfehlung freuen.
Erzählen Sie es im Freundeskreis, berichten Sie Ihrem Buchhändler, oder bewerten Sie bei Onlinekauf.
Und wenn Sie Kritik, Korrekturen oder Aktualisierungen haben, freuen wir uns über Ihre Nachricht an Bruckmann Verlag, Postfach 40 02 09, D-80702 München oder per E-Mail an lektorat@verlagshaus.de.

Unser komplettes Programm finden Sie unter 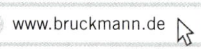 www.bruckmann.de

Umschlag: Vorderseite: Links: Das Wat Phra Keo am Königspalast in Bangkok (Shutterstock/Deng, L.); Rechts: Kristallklares Wasser in einer Traumbucht vor Ko Tao; Illustrationen: Blumen: Shutterstock/Tabuda Y; Affe: Shutterstock/Tanya Syrytsyna; Kokusnuss: Shutterstock/Elena Medvedeva.
Rückseite: In der Bucht von Phang Nga.
Seite 1: Links: Wie pures Gold schimmert der Nong Fa Lake im Südosten von Laos. Rechts: In den Nationalparks an der Andamanenküste, etwa vor Ko Surin, finden sich unverfälschte Natur und traumhafte Inseln.
Seiten 2/3: Traumhafte Aussichten: an der Andamanenküste.

Die Deutsche Nationalbibliothek verzeichnet diese Publikation in der Deutschen Nationalbibliografie; detaillierte bibliografische Daten sind im Internet über http://dnb.d-nb.de abrufbar.

Vollständig aktualisierte Ausgabe © 2019 Bruckmann Verlag GmbH, München. Das vorliegende Werk basiert auf dem Band »Thailand«, ISBN 978-3-7654-4554-5, erstmalls erschienen 2007 im Bruckmann Verlag.
ISBN 978-3-7343-1095-9